Valeria Borrelli
Ed altre cose

I0409204

l'a. is a series of print-on-demand artists' books by

la centrale edizioni

a not-for-profit, collective name
founded in Southern Europe in 2018

linktr.ee/lacentrale

Valeria Borrelli
Ed altre cose

book design by Giancarlo Norese
first edition, September 2023 (LA-09)

ISBN 979-8-8599-0552-2

NOTE

*grazie
a Dio*

11 LUNEDI   s. Igino p.

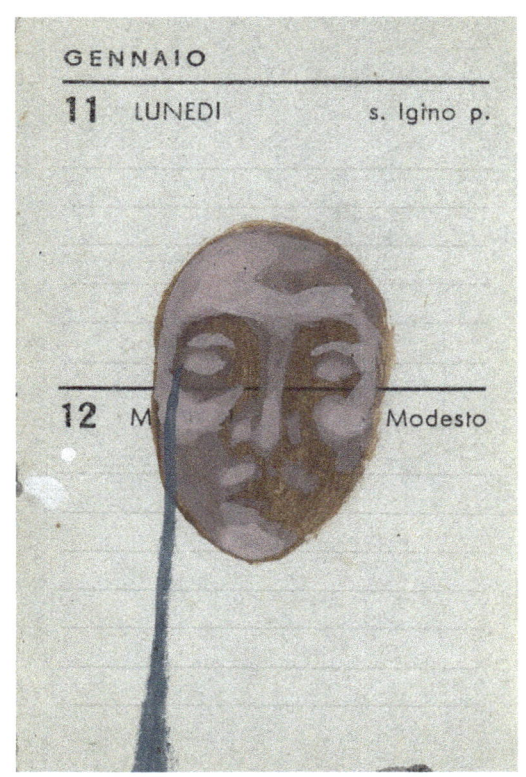

12 M   Modesto

b. Veronica v.   MERCOLEDÌ **13**

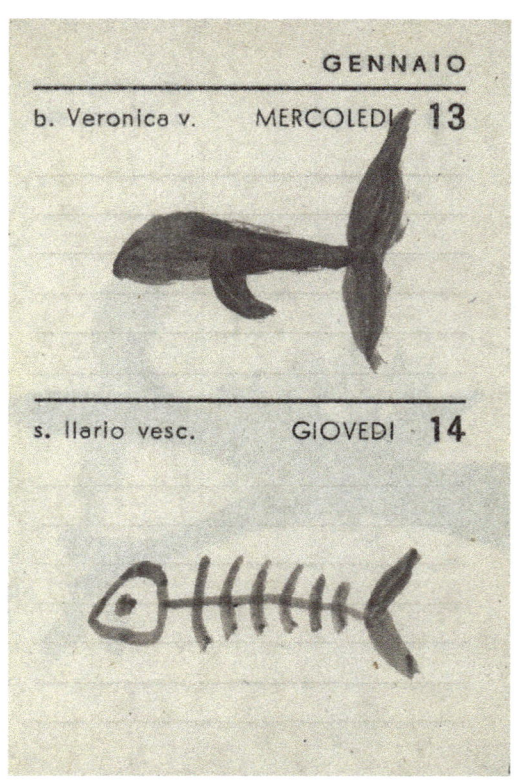

s. Ilario vesc.   GIOVEDÌ **14**

GENNAIO

15 VENERDI   s. Mauro ab.

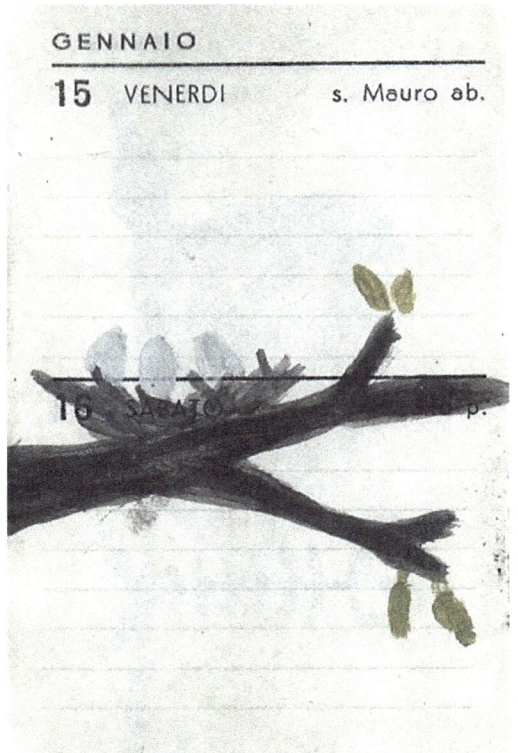

16   SABATO   p.

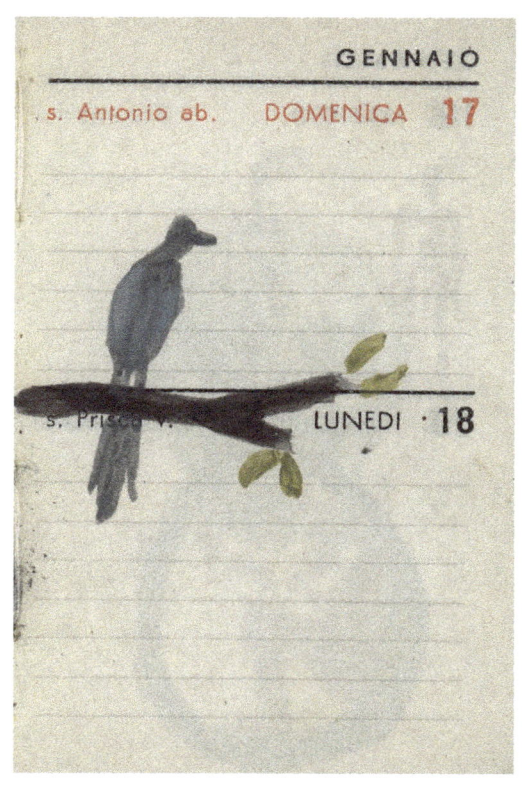

GENNAIO

s. Antonio ab.   DOMENICA   17

s. Prisca v.   LUNEDÌ · 18

GENNAIO

19 MARTEDI s. Bassano v.

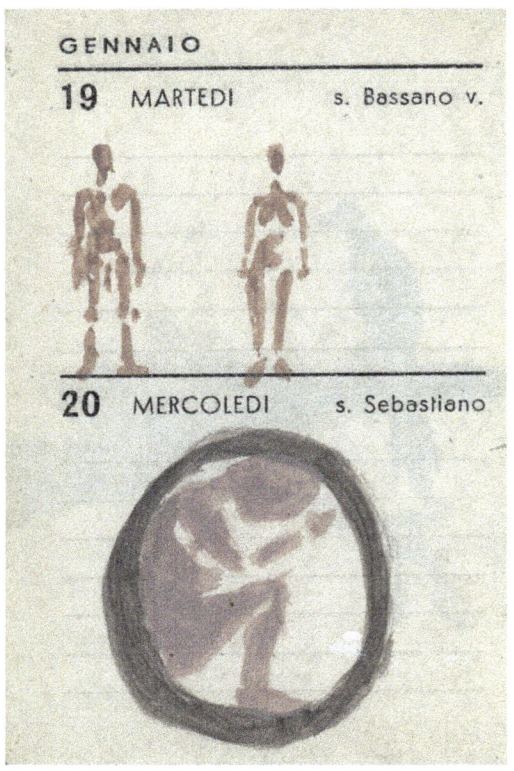

20 MERCOLEDI s. Sebastiano

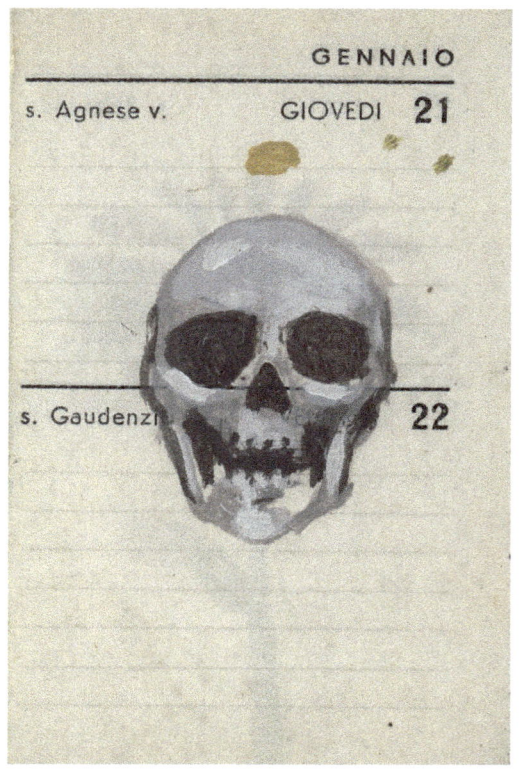

GENNAIO

s. Agnese v.   GIOVEDI **21**

s. Gaudenzi   **22**

GENNAIO

23 . SABATO   s. Raimondo

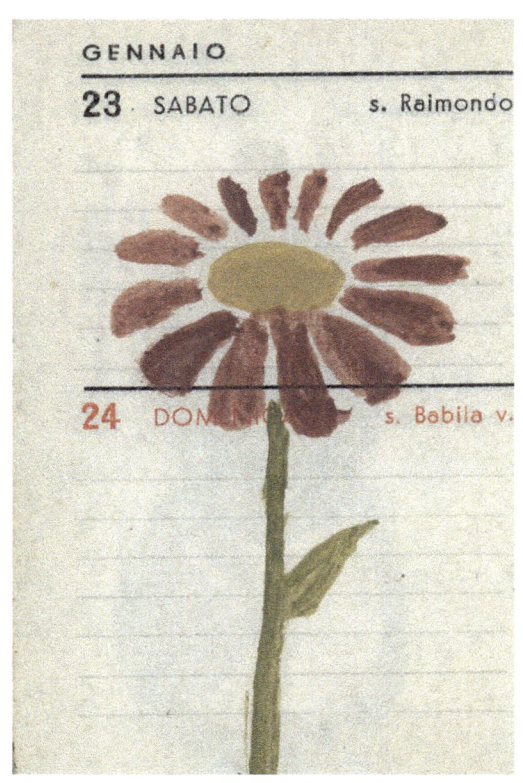

24 DOMENICA   s. Babila v.

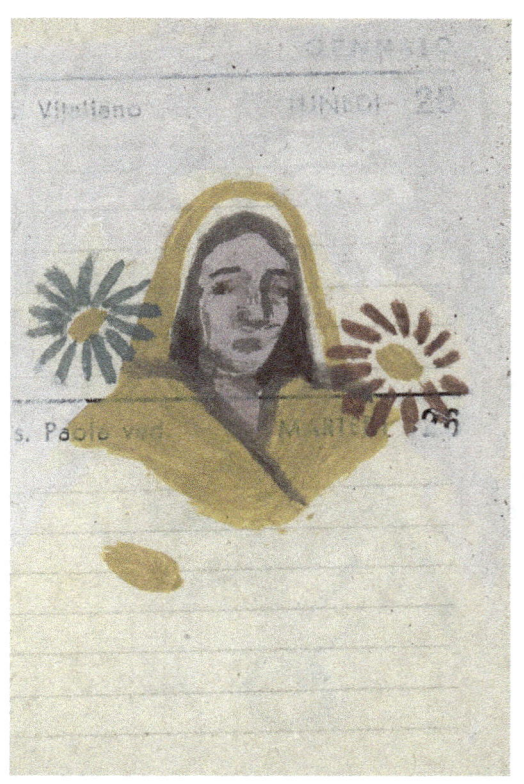

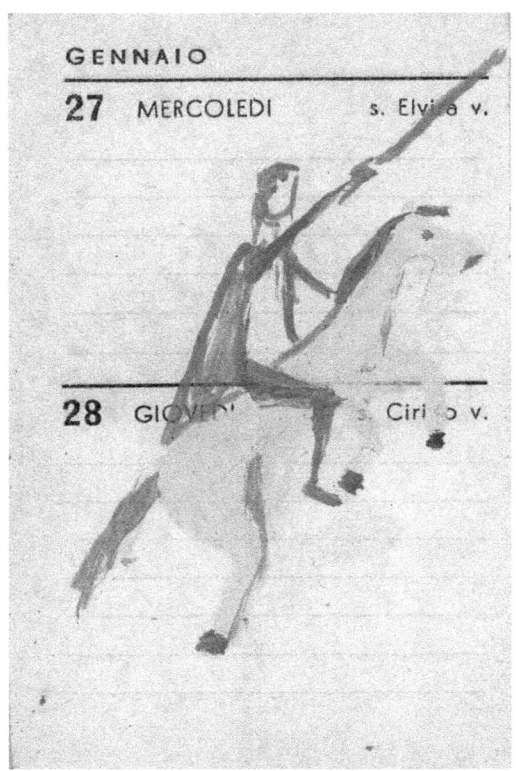

GENNAIO

27 MERCOLEDI   s. Elvira v.

28 GIOVEDI   s. Cirillo v.

s. Aquilino m.   VENERDI   **29**

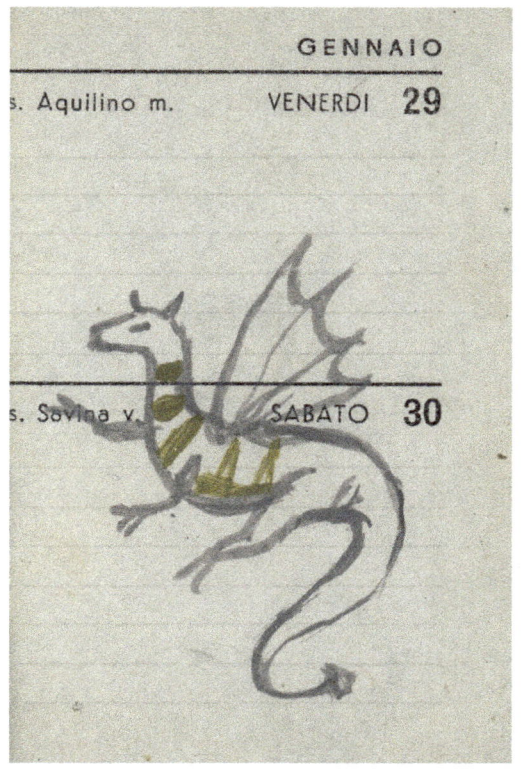

s. Savina v.   SABATO   **30**

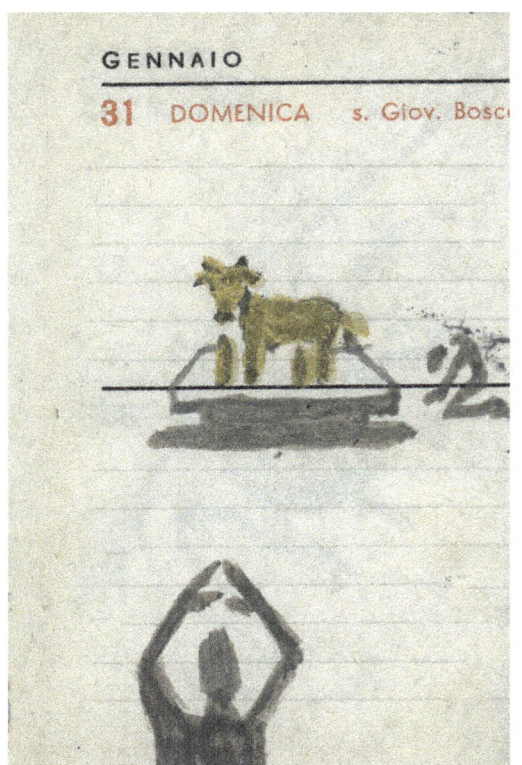

GENNAIO

31 DOMENICA   s. Giov. Bosc

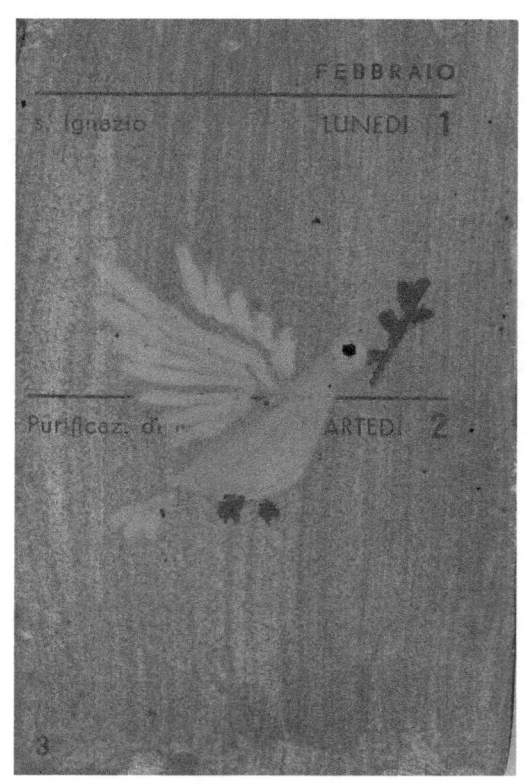

FEBBRAIO

s. Ignazio   LUNEDI 1

Purificaz. di   ARTEDI 2

3

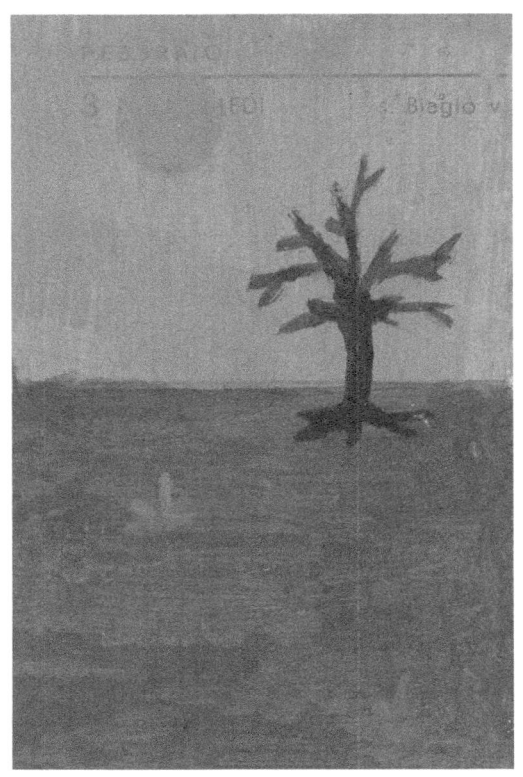

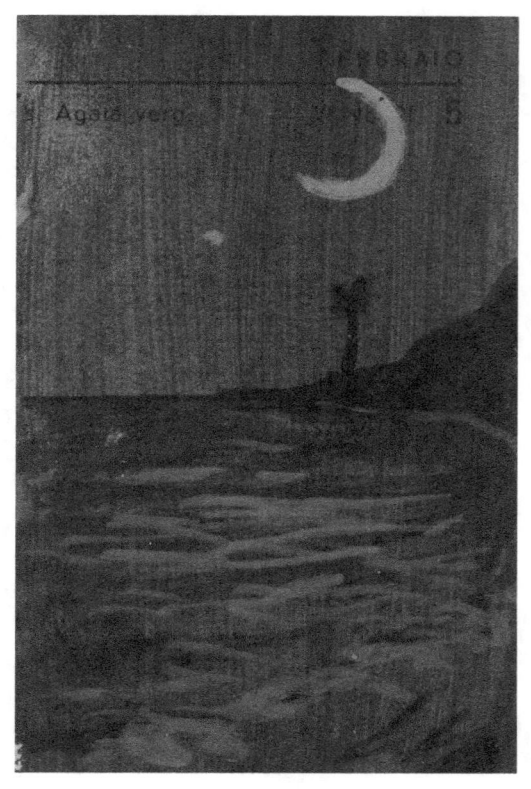

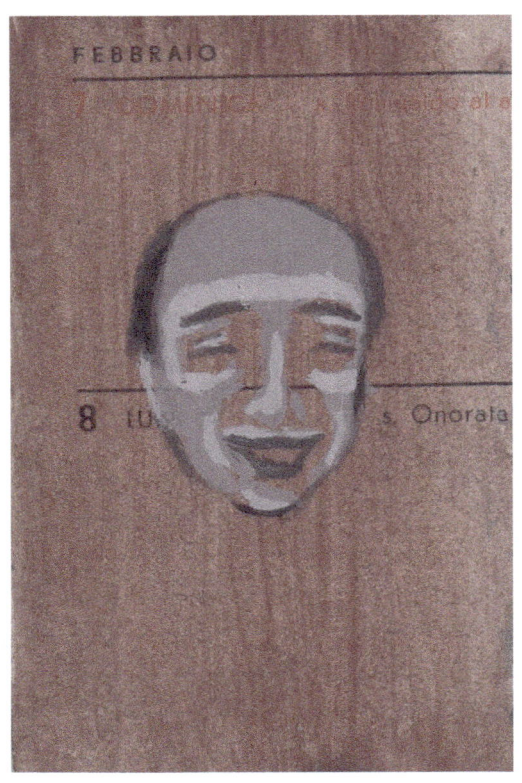

FEBBRAIO

8

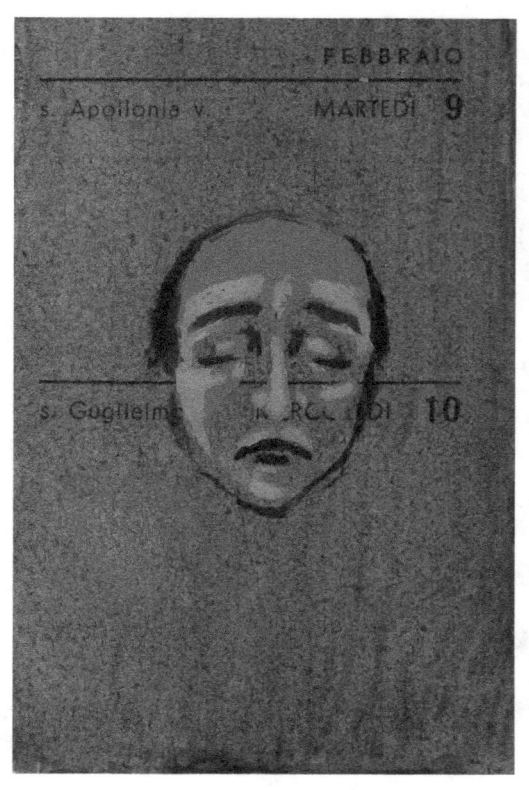

FEBBRAIO

11 GIOVEDI Mad. di Lourdes

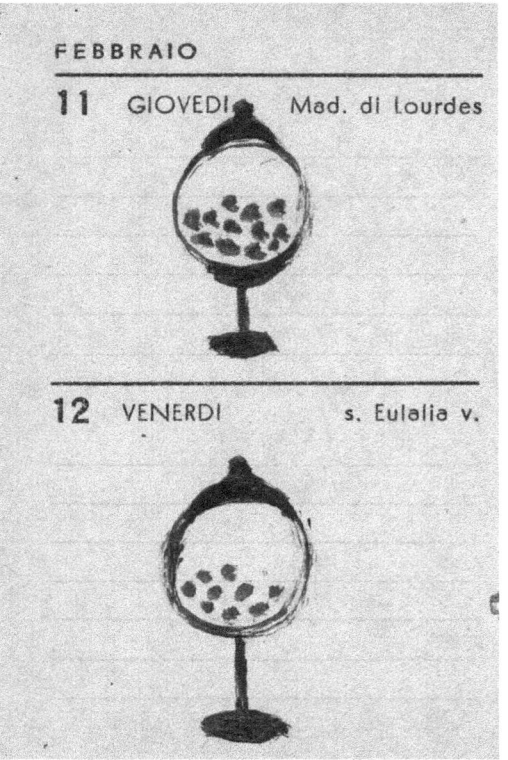

12 VENERDI s. Eulalia v.

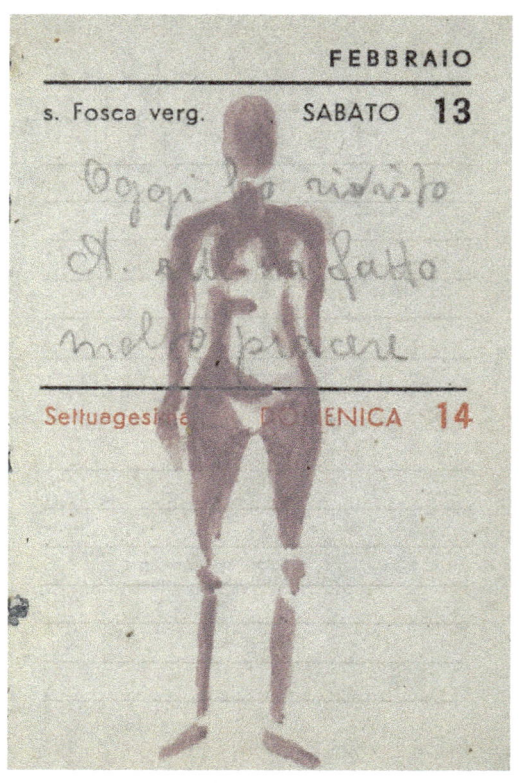

FEBBRAIO

s. Fosca verg.　　　SABATO　13

Oggi ho rivisto
A. e mi ha fatto
molto piacere

Settuagesima　DOMENICA　14

20

15 LUNEDI Faustino

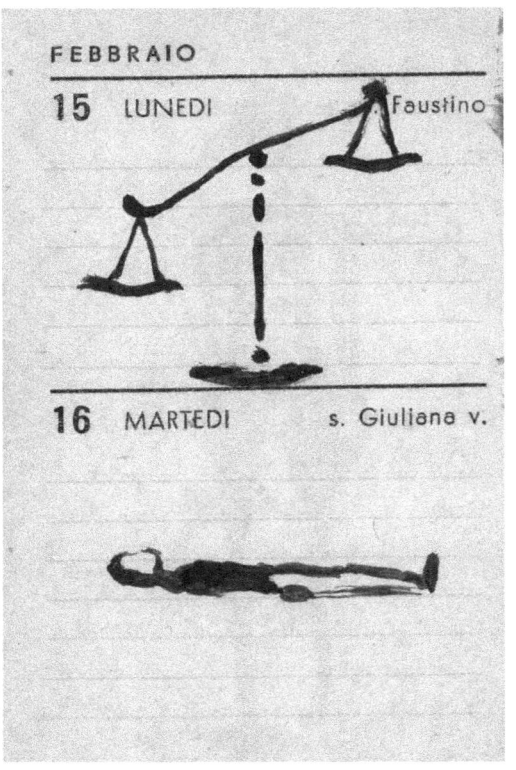

16 MARTEDI s. Giuliana v.

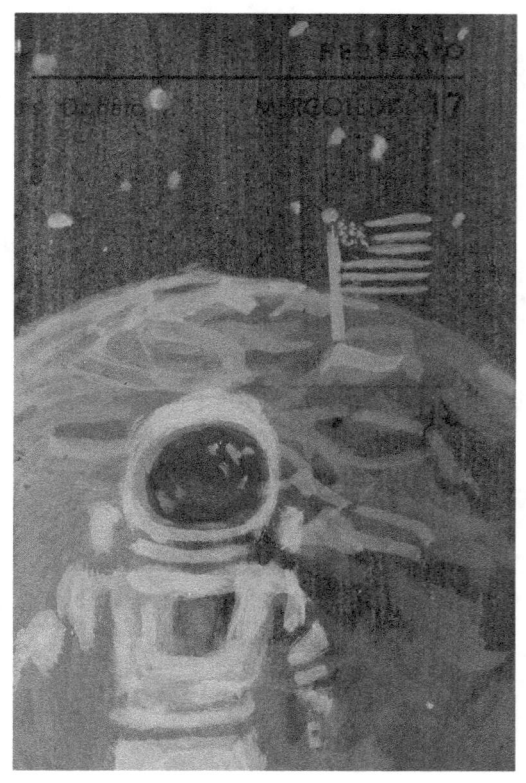

19 VENERDI s. Mansueto

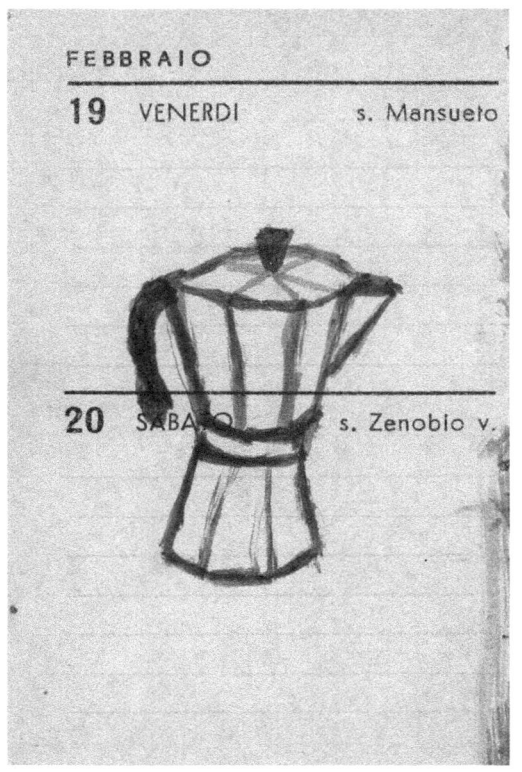

20 SABATO s. Zenobio v.

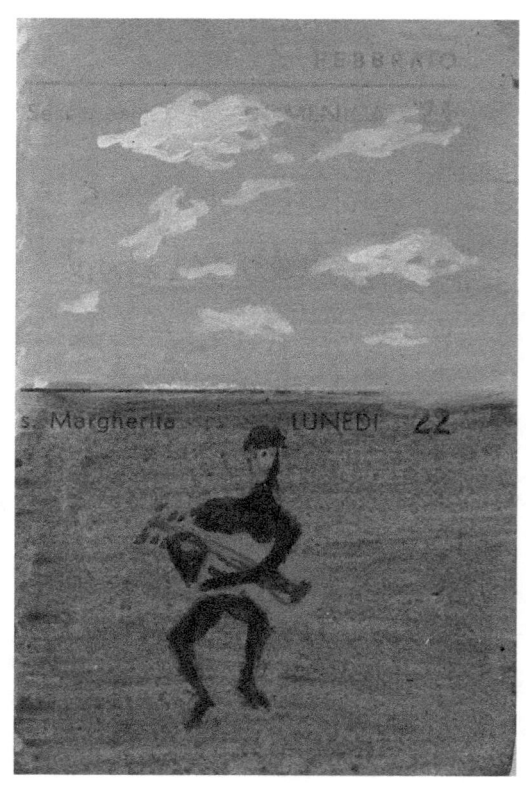

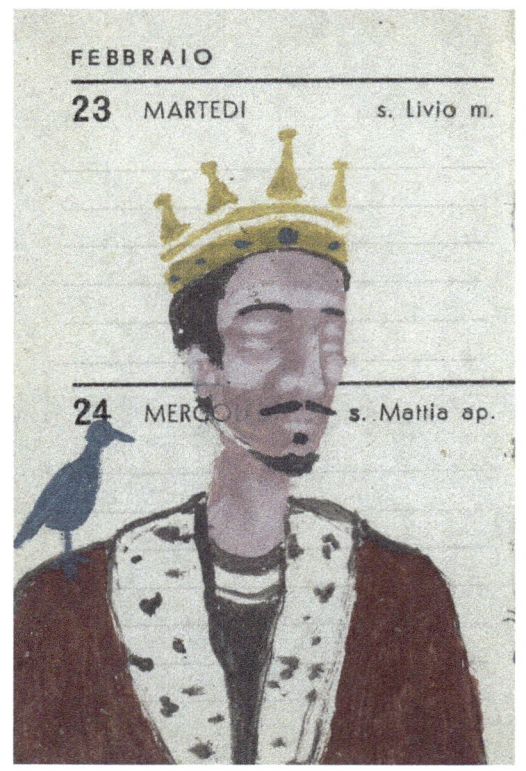

FEBBRAIO

23 MARTEDI   s. Livio m.

24 MERCO...   s. Mattia ap.

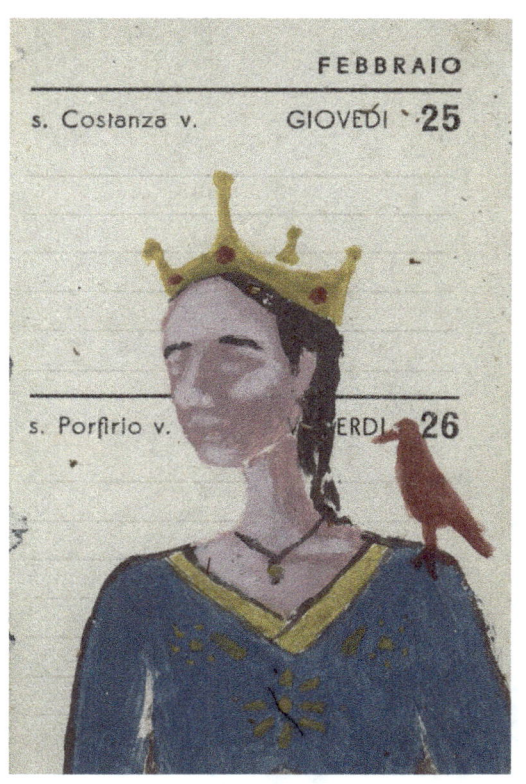

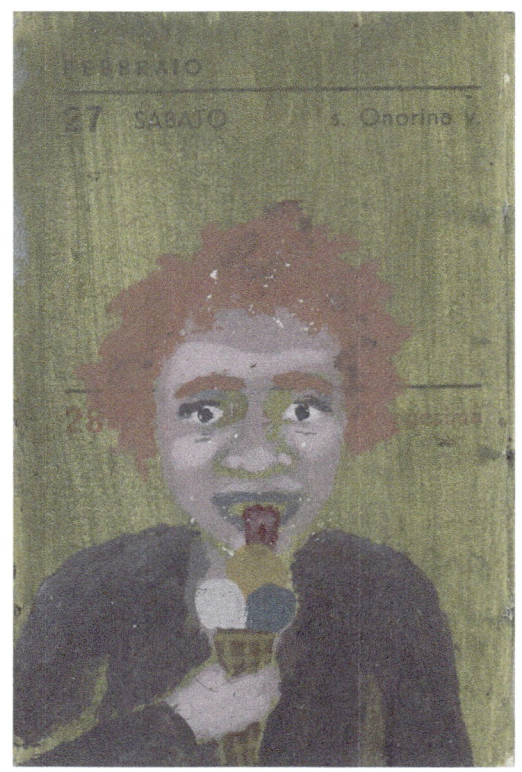

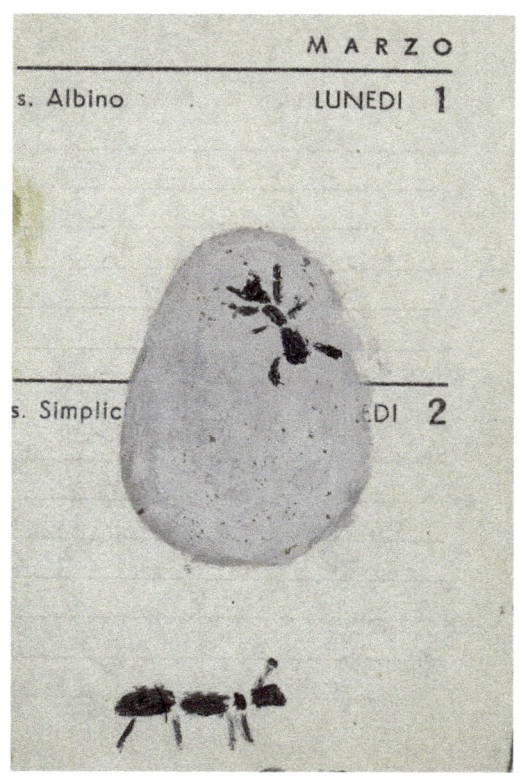

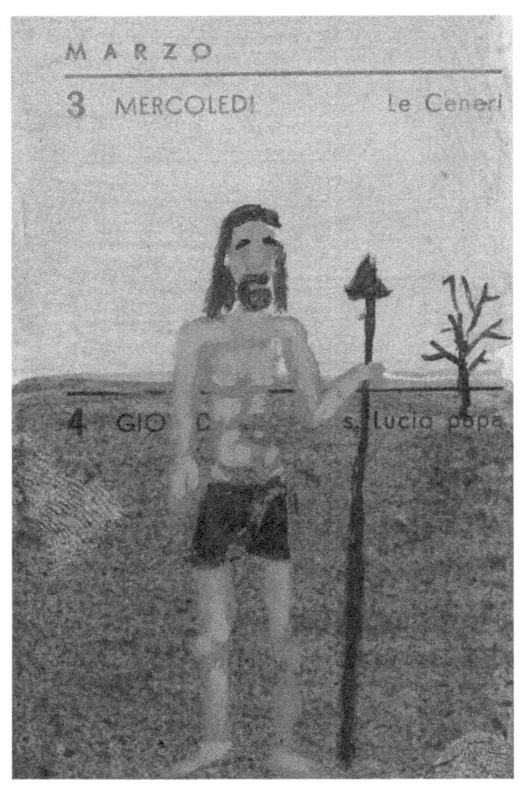

MARZO

3 MERCOLEDÌ   Le Ceneri

4 GIO   s. lucia papa

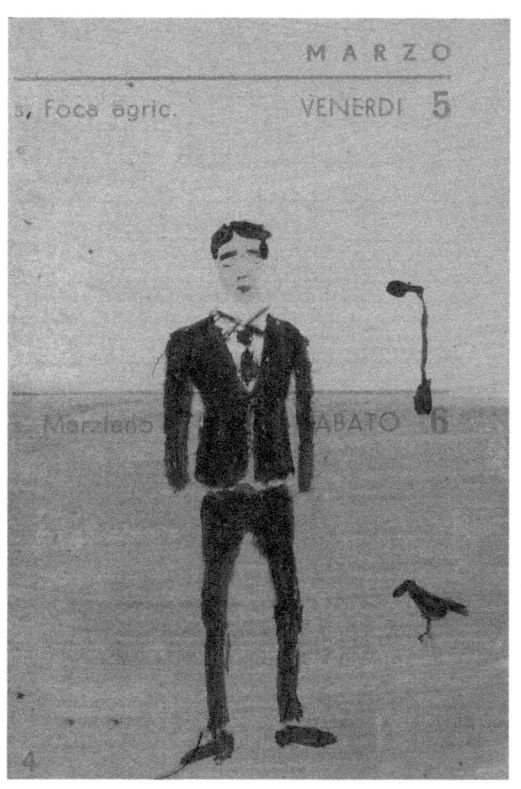

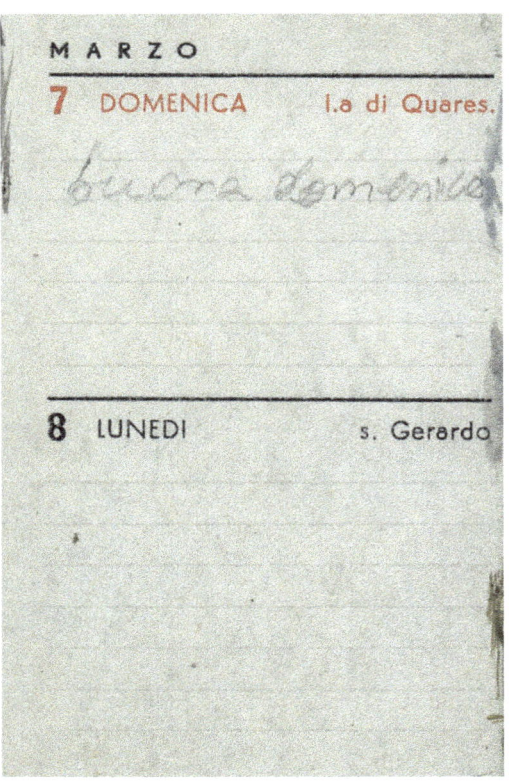

MARZO

7 DOMENICA i.a di Quares.

buona domenica

8 LUNEDI s. Gerardo

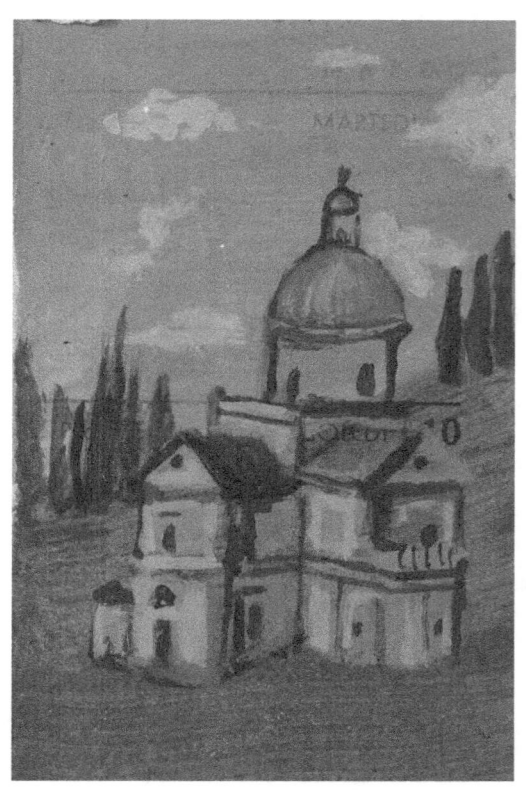

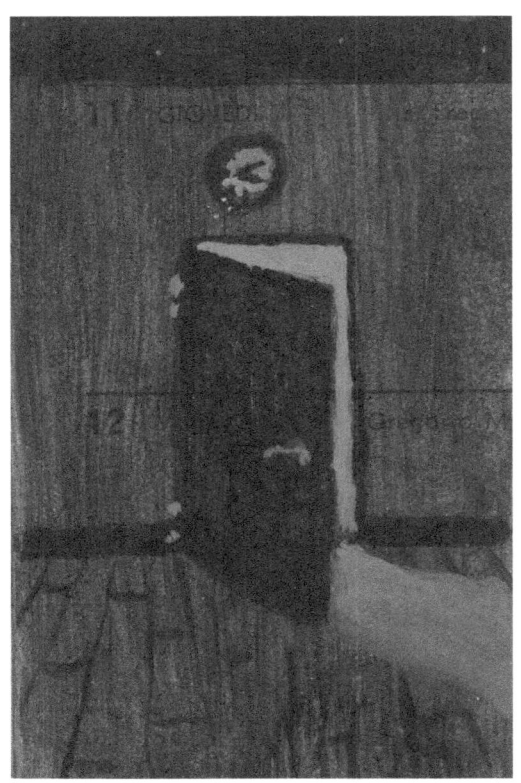

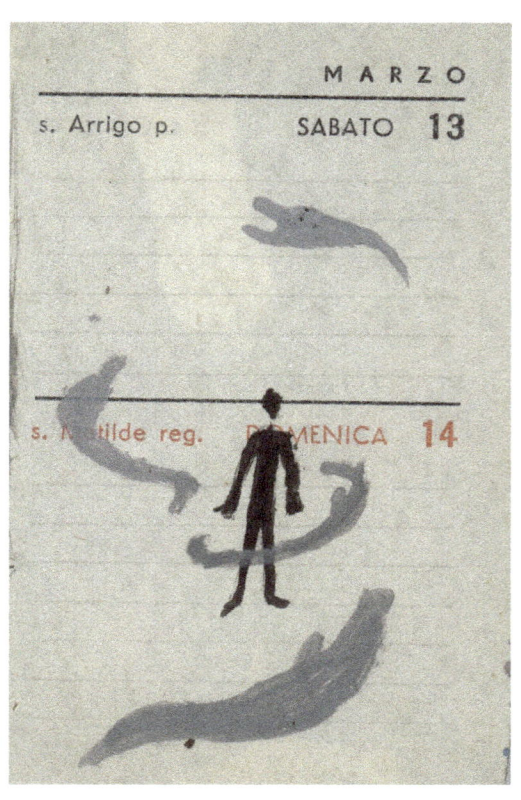

MARZO

s. Arrigo p. SABATO **13**

s. Matilde reg. DOMENICA **14**

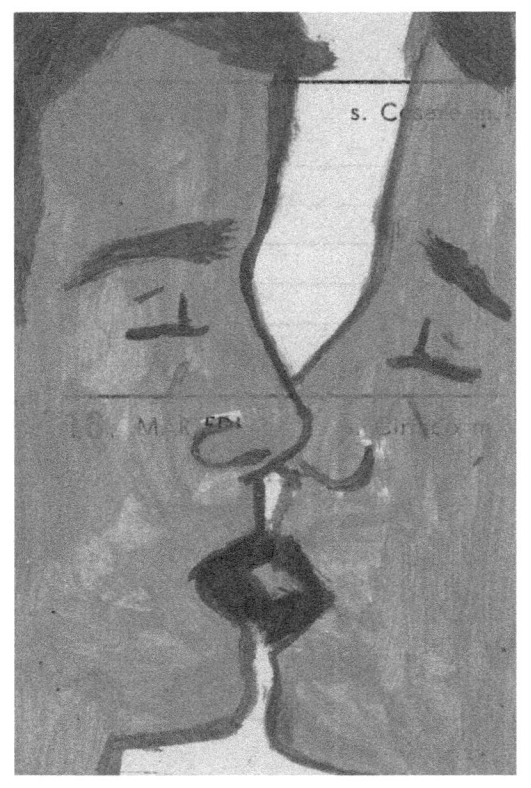

s. Patrizio v.   MERCOLEDI **17**

s. Gabriele arc.   GIOVEDI **18**

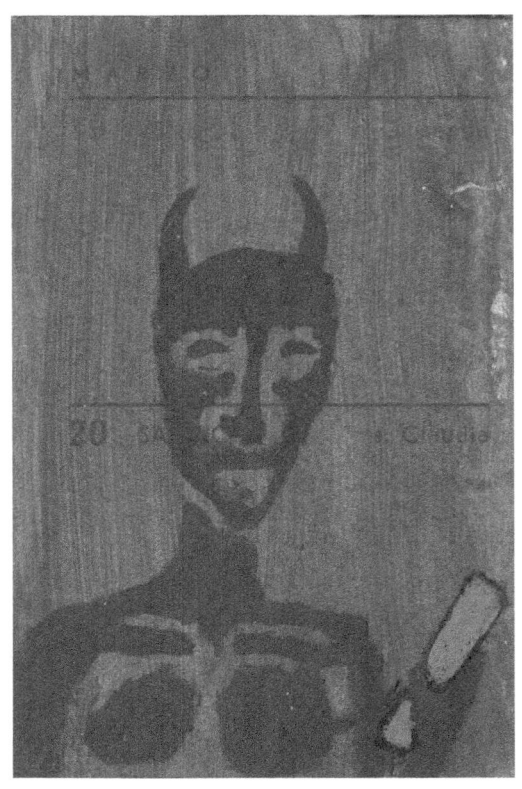

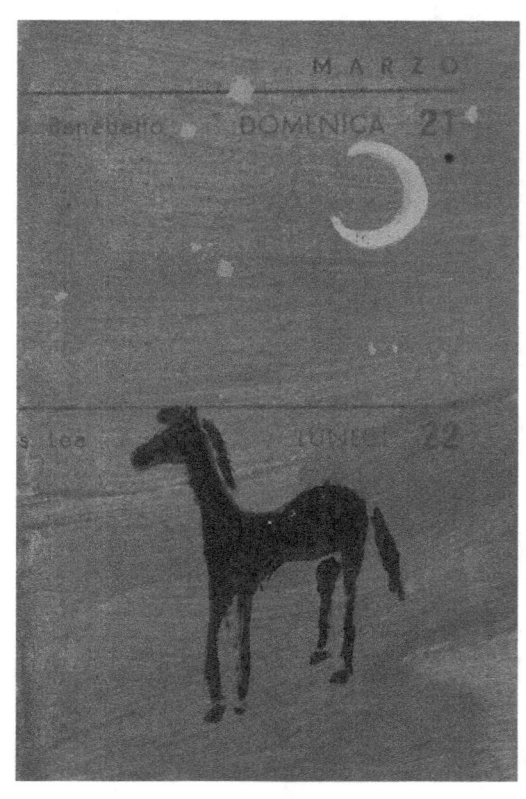

MARZO

23 MARTEDI   s. Vittoriano

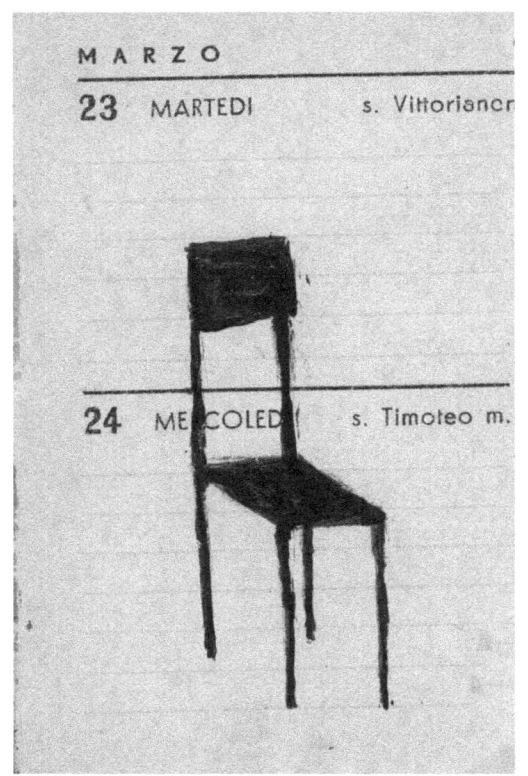

24 MERCOLEDI   s. Timoteo m.

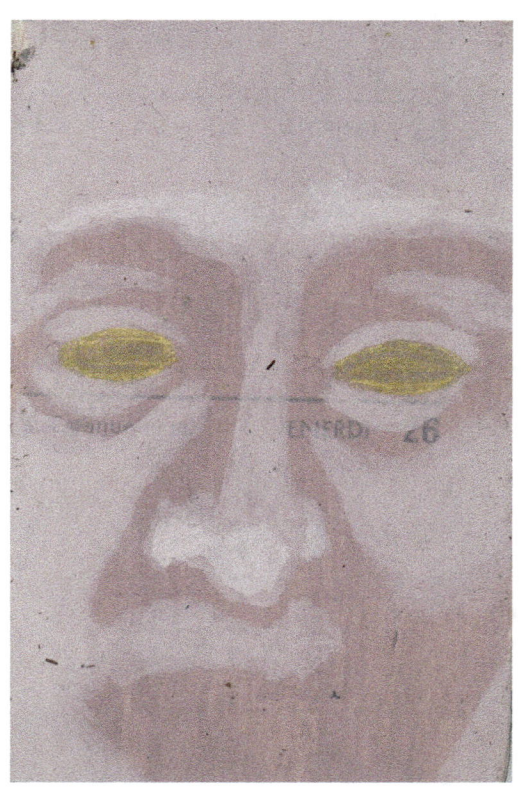

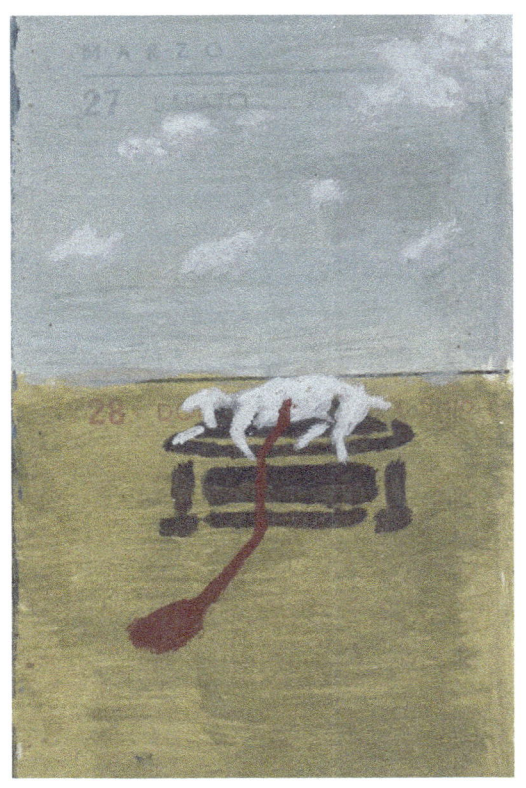

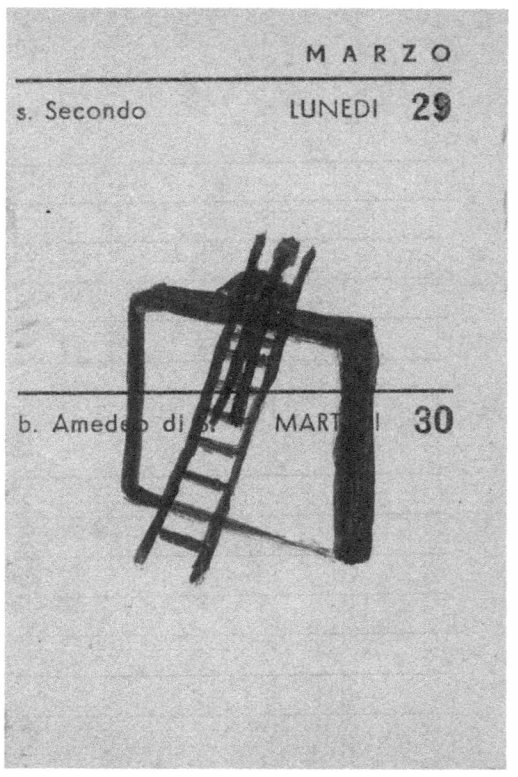

s. Secondo   LUNEDI **29**

b. Amedeo di   MART   **30**

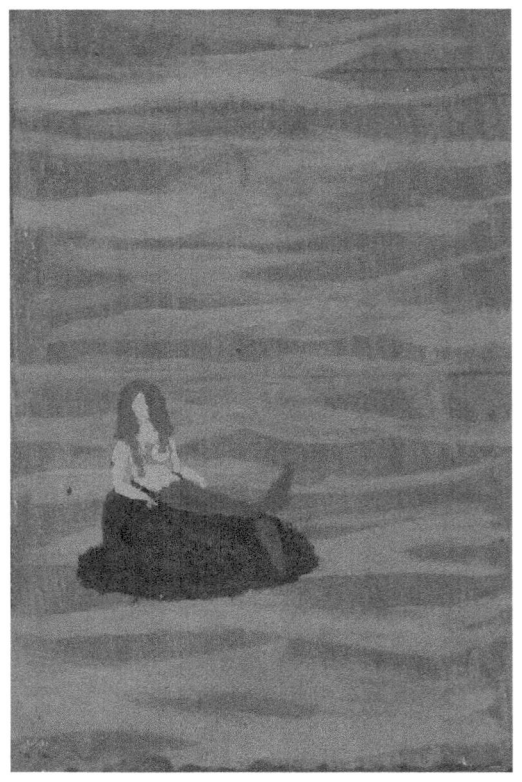

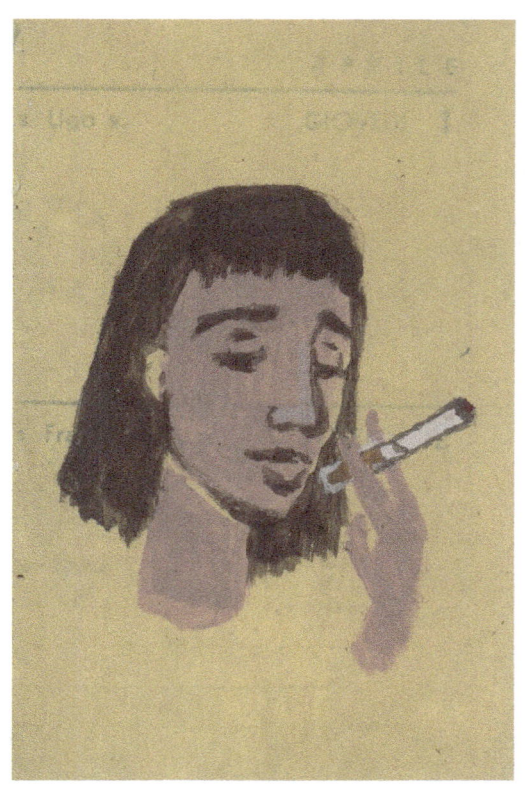

APRILE

3 SABATO   s. Riccardo v

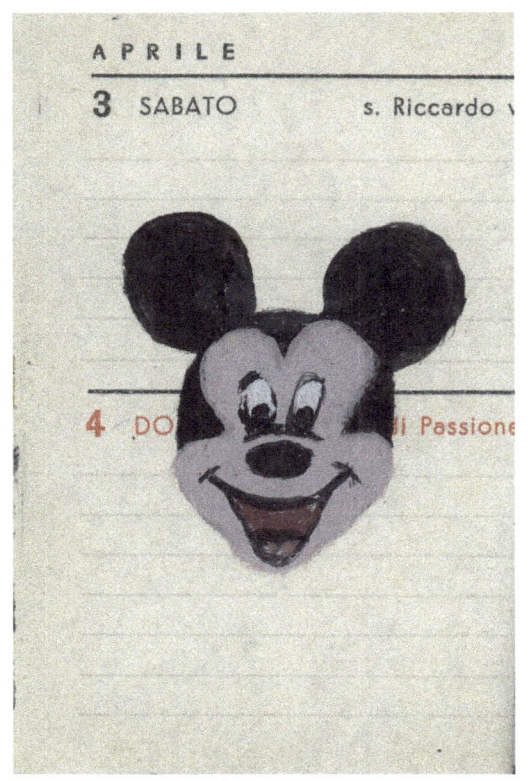

4 DO   i Passione

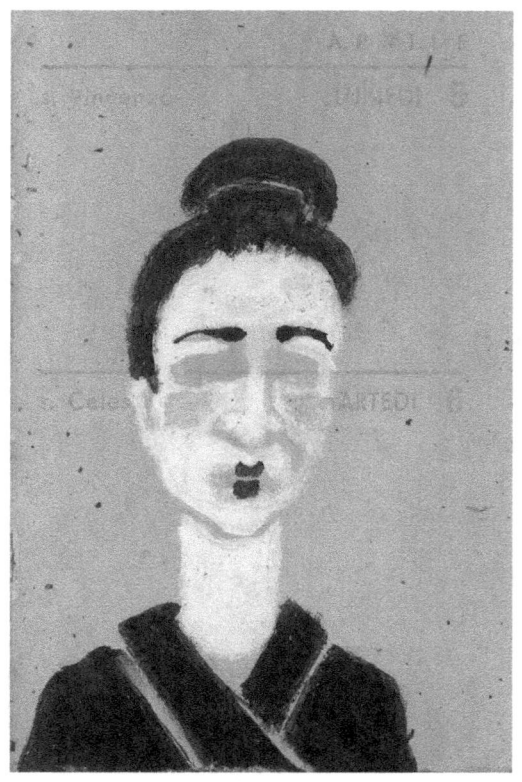

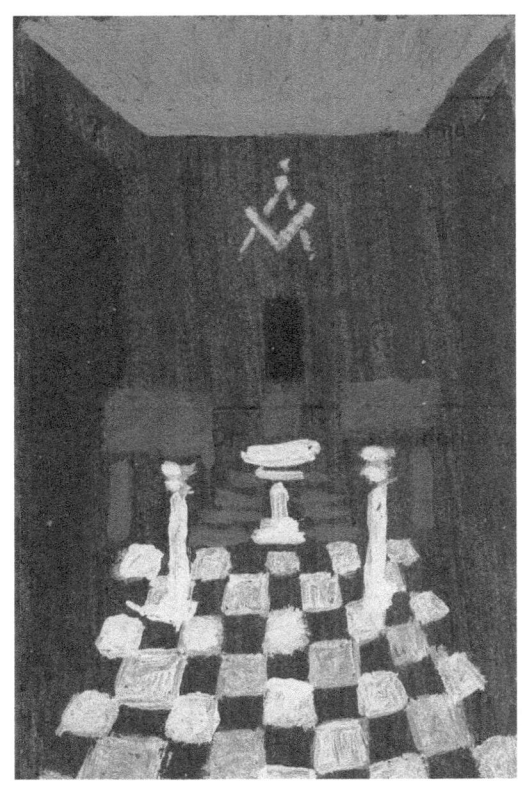

s. Maria Cleofe VENERDI **9**

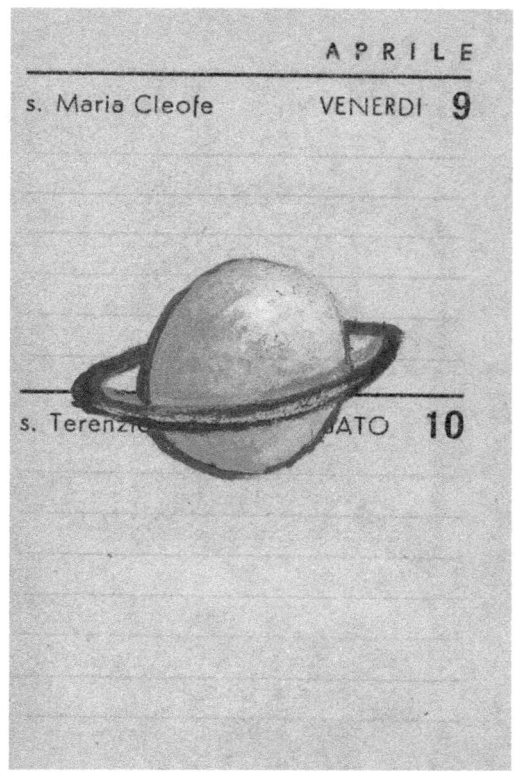

s. Terenz... ...ATO **10**

11 DOMENICA delle Palme

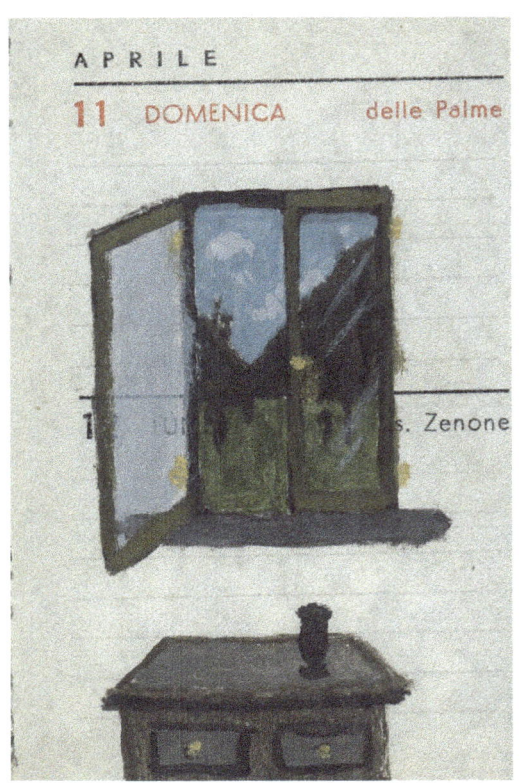

s. Zenone

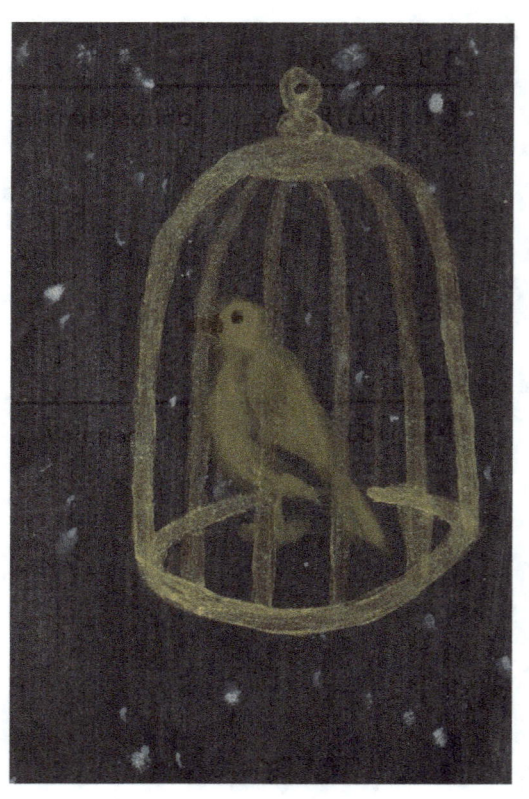

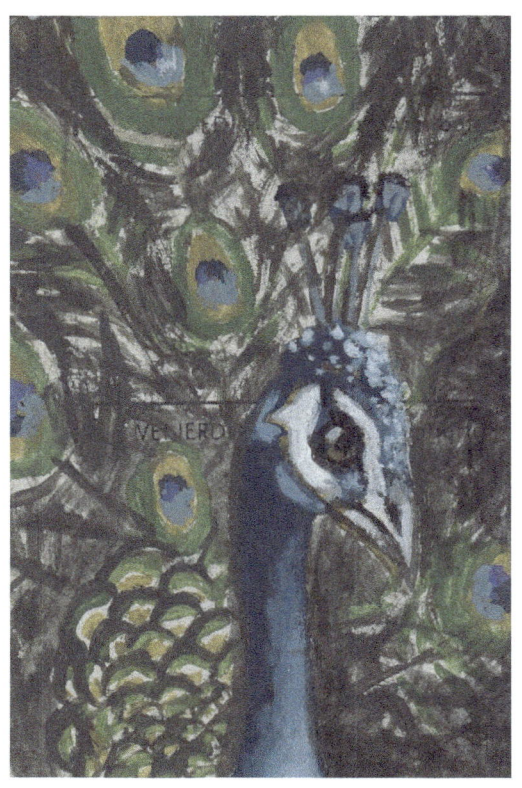

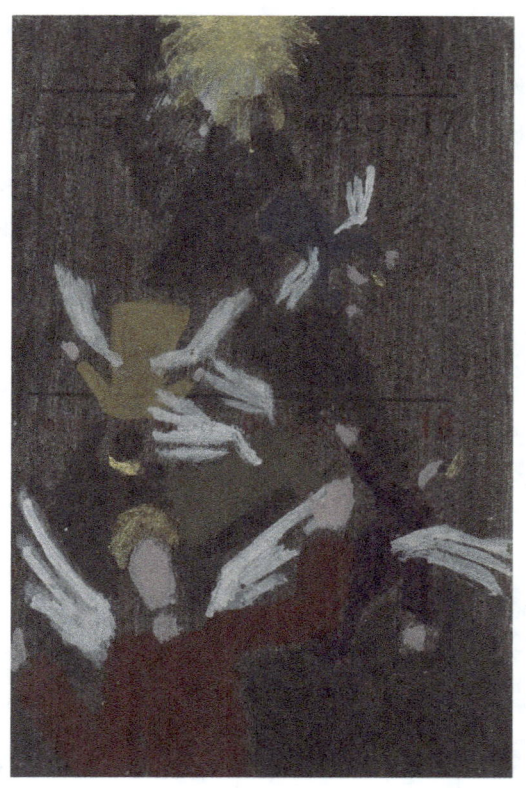

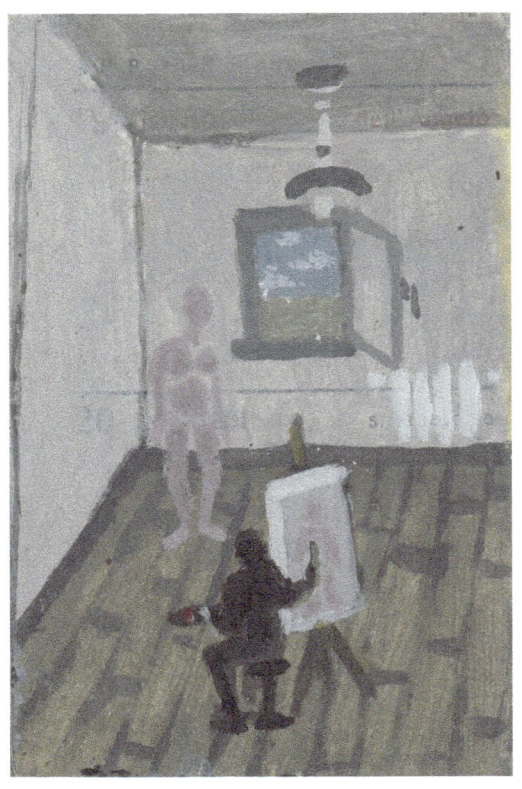

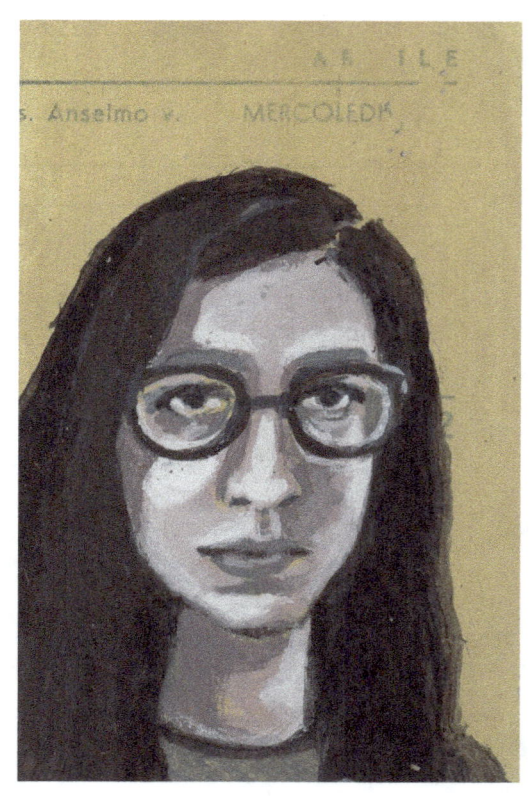

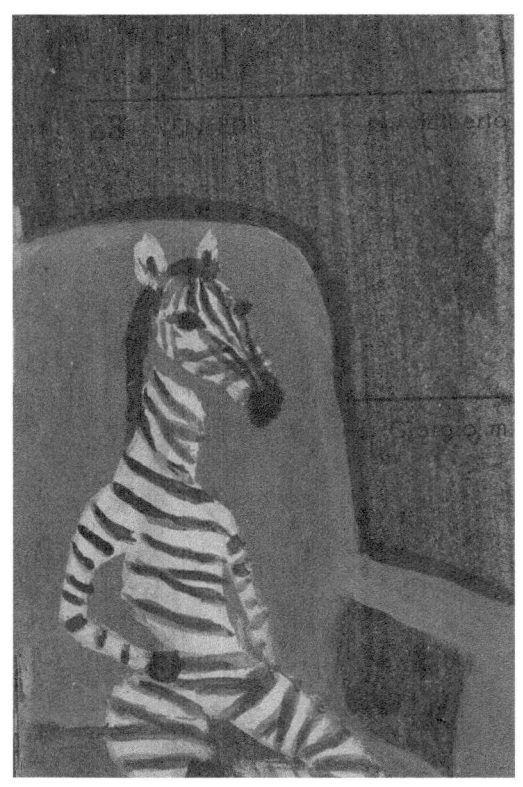

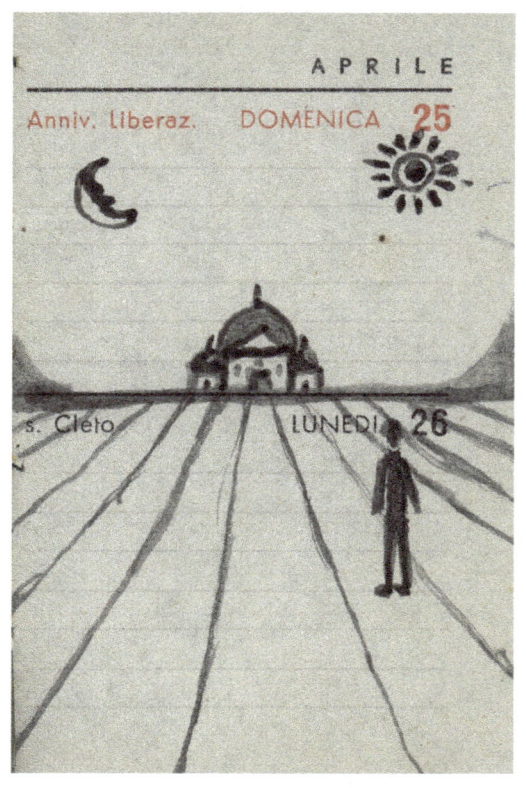

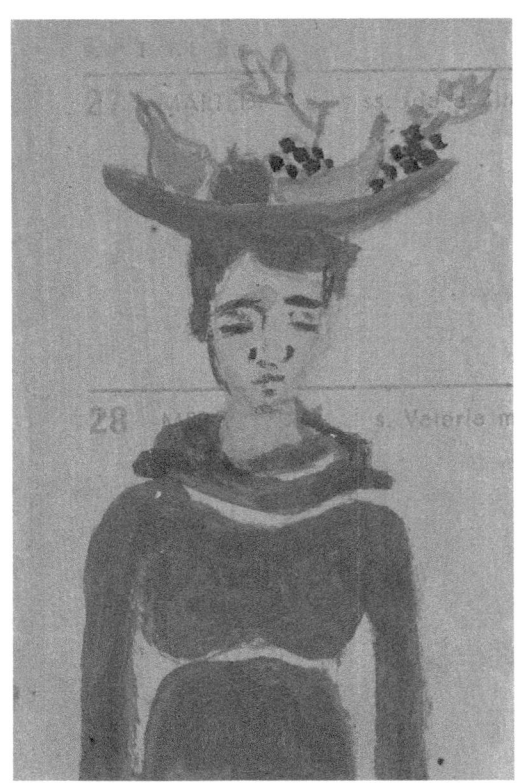

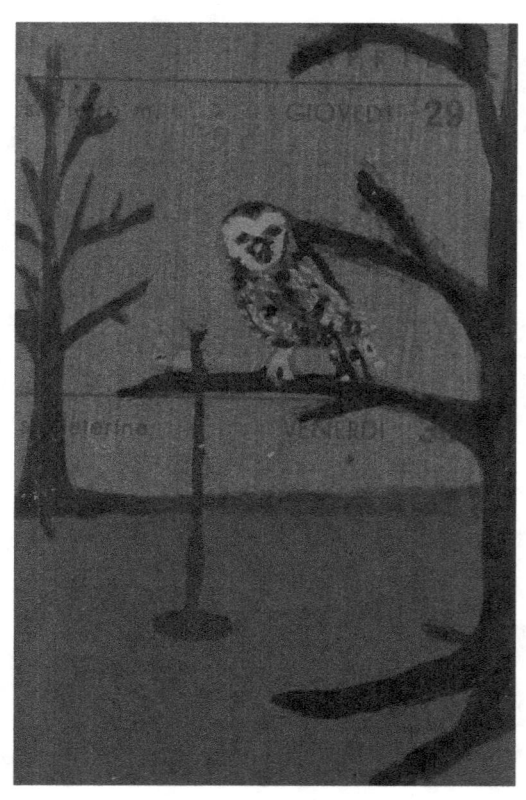

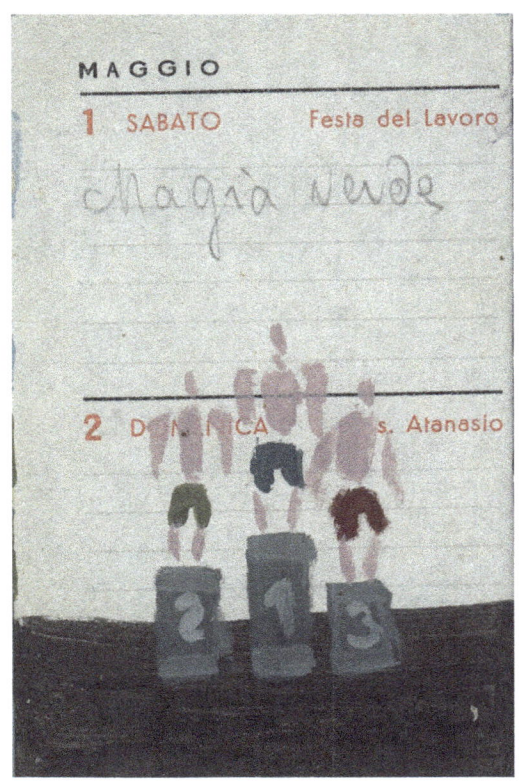

MAGGIO

1 SABATO   Festa del Lavoro

chagià verde

2 DOMENICA   s. Atanasio

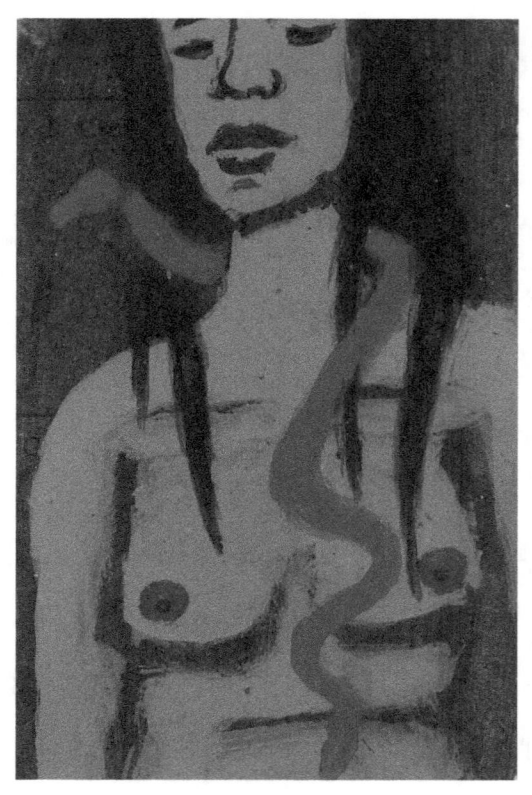

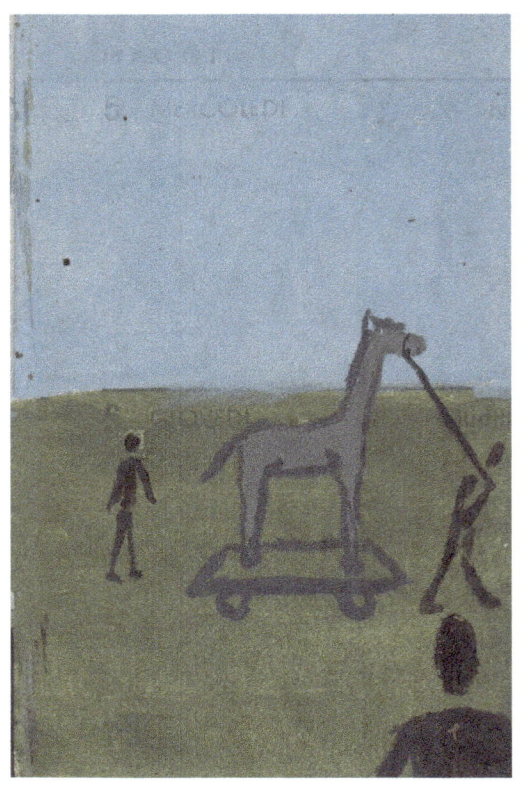

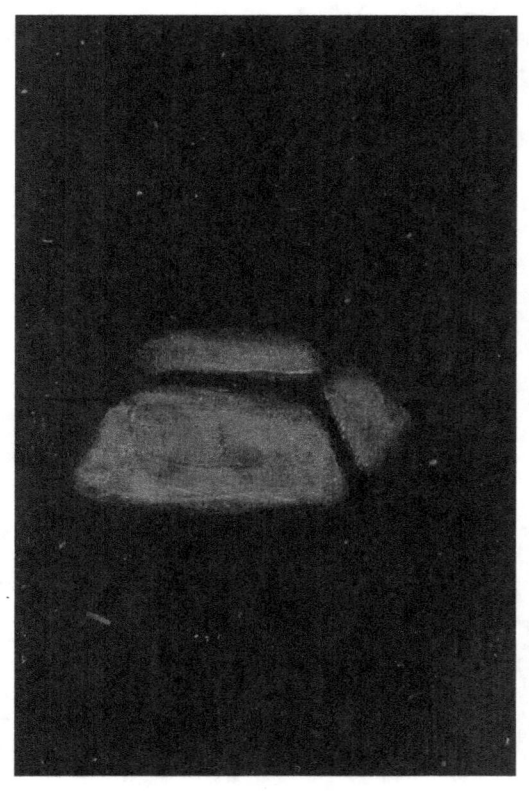

9 DOMENICA   s. Gregorio

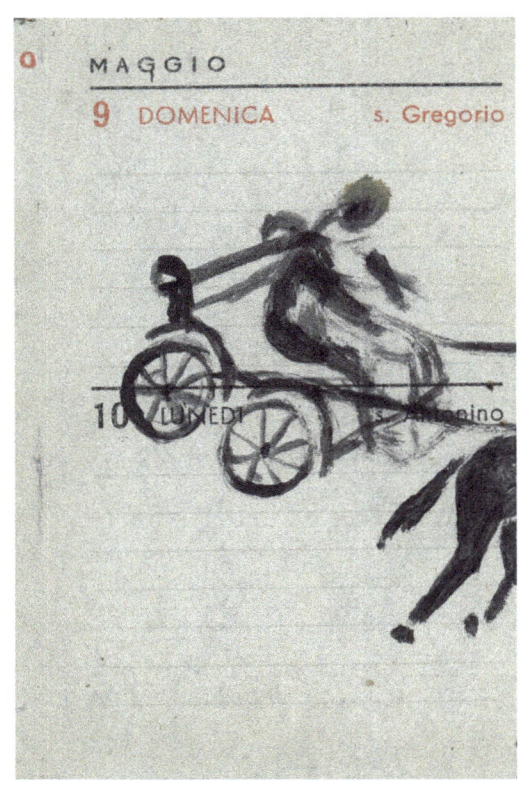

10 LUNEDÌ   s. Antonino

MAGGIO

s. Giov. d'Arco   MARTEDI   **11**

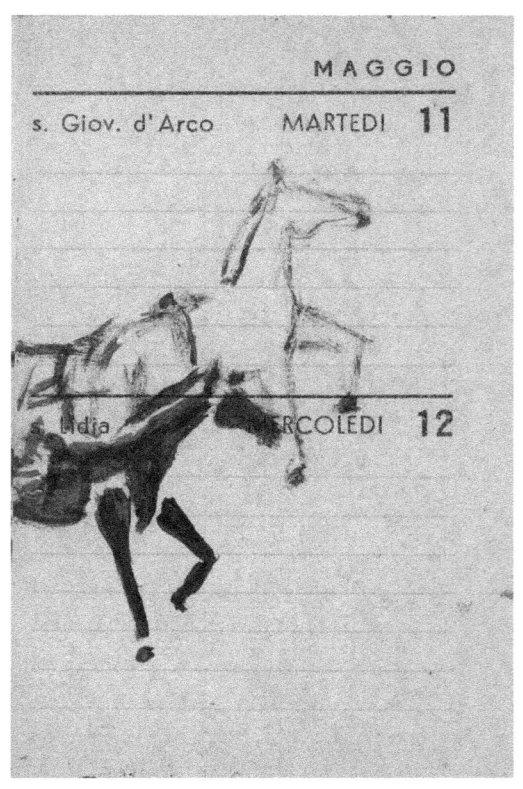

Lidia   MERCOLEDI   **12**

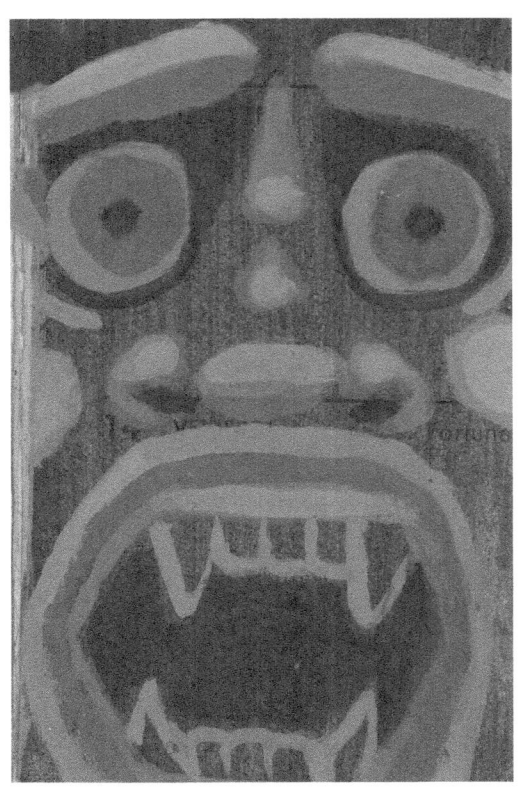

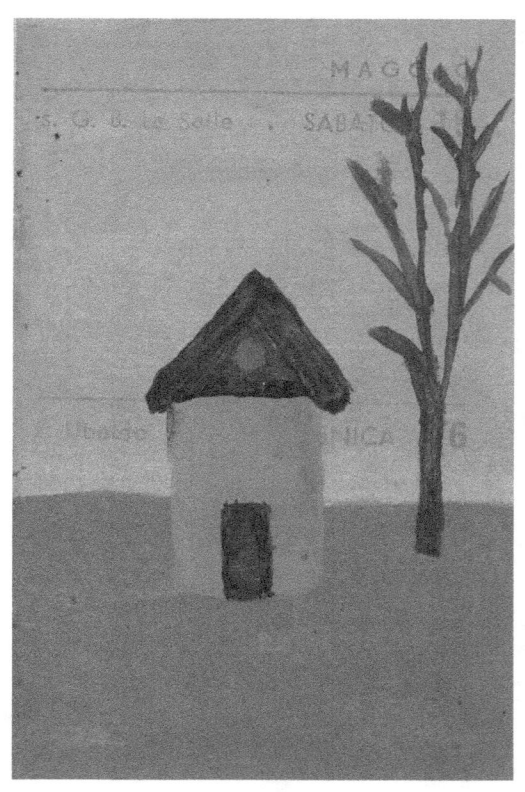

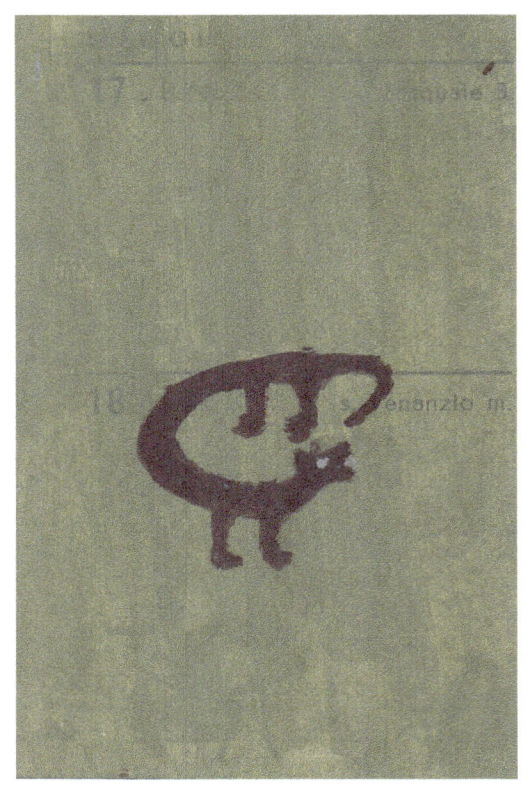

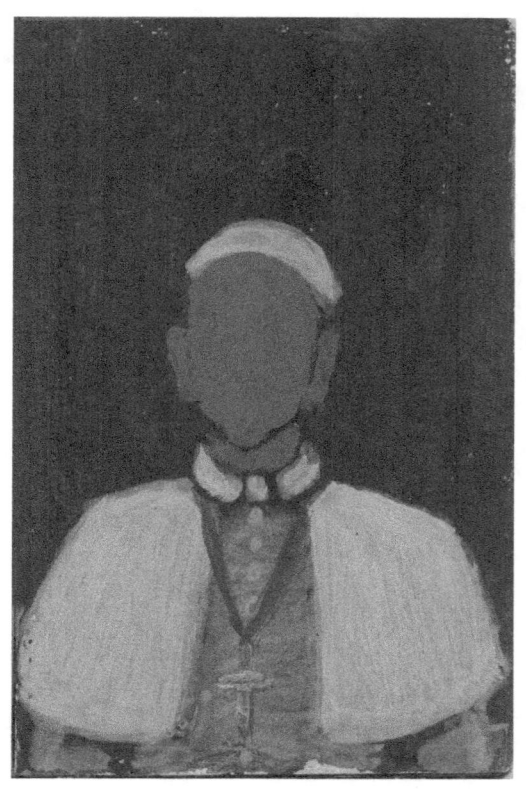

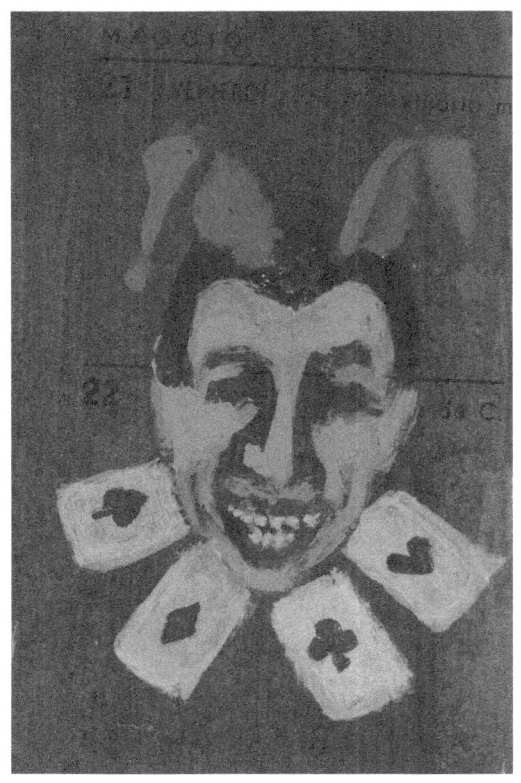

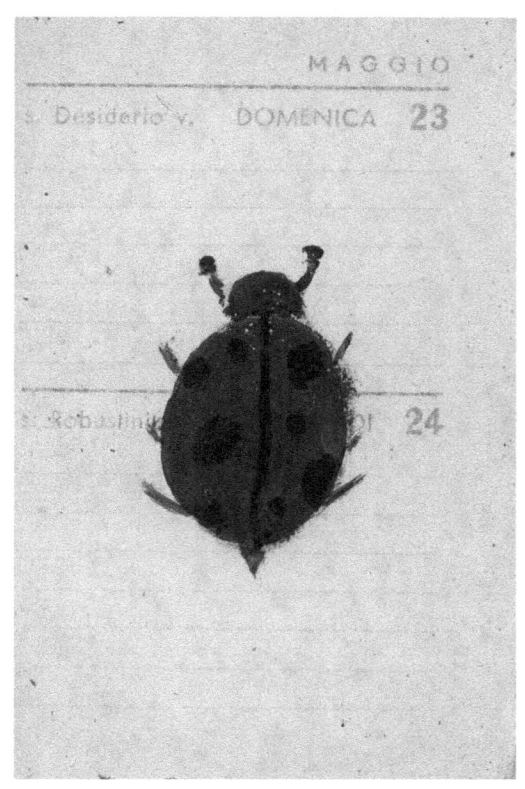

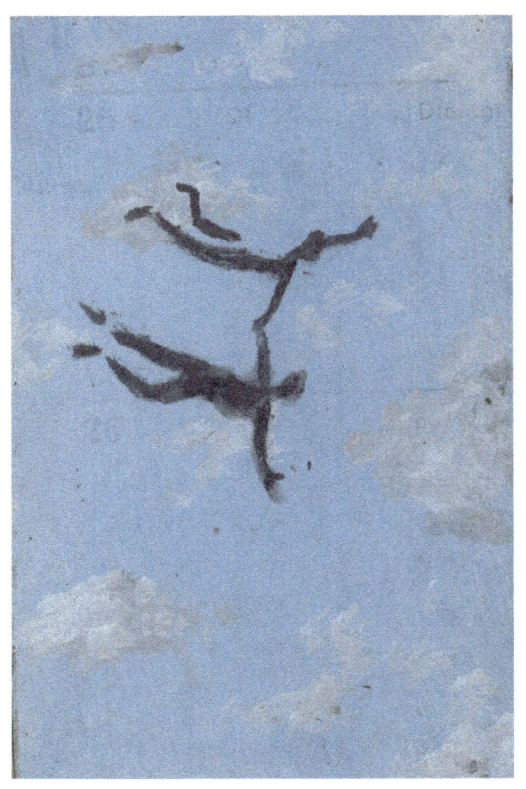

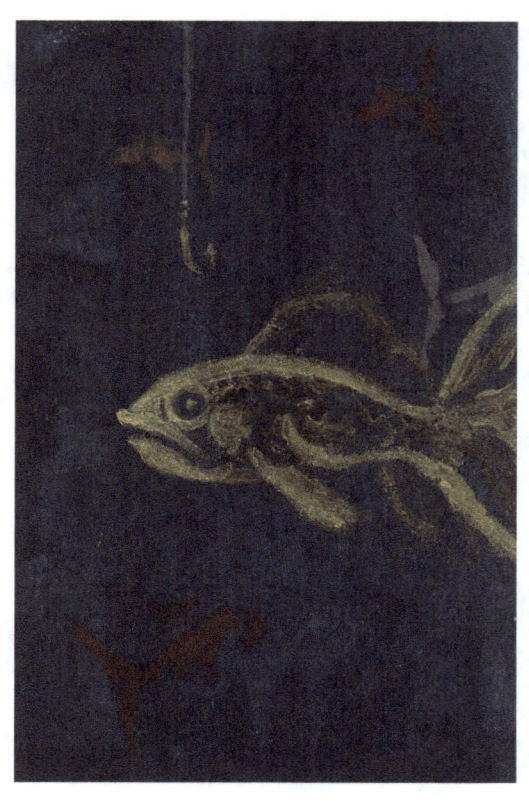

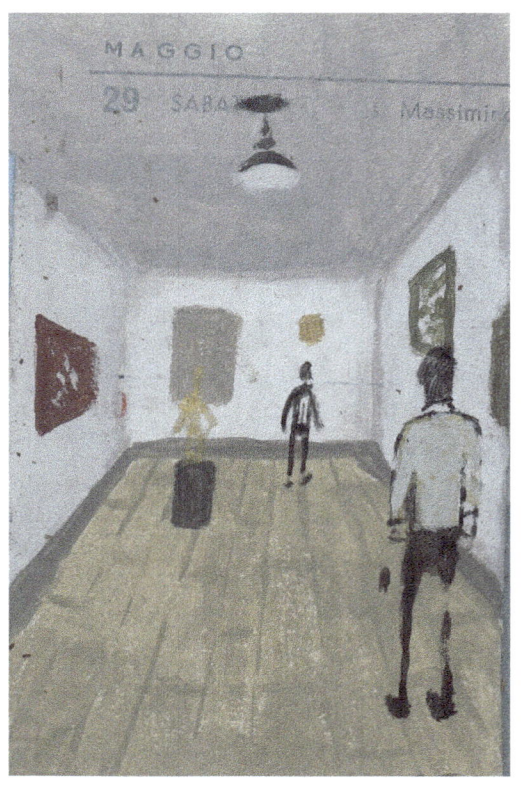

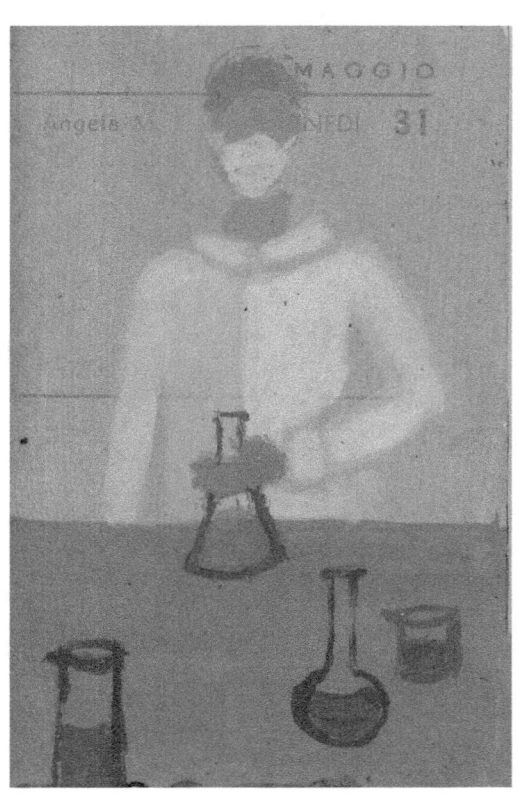

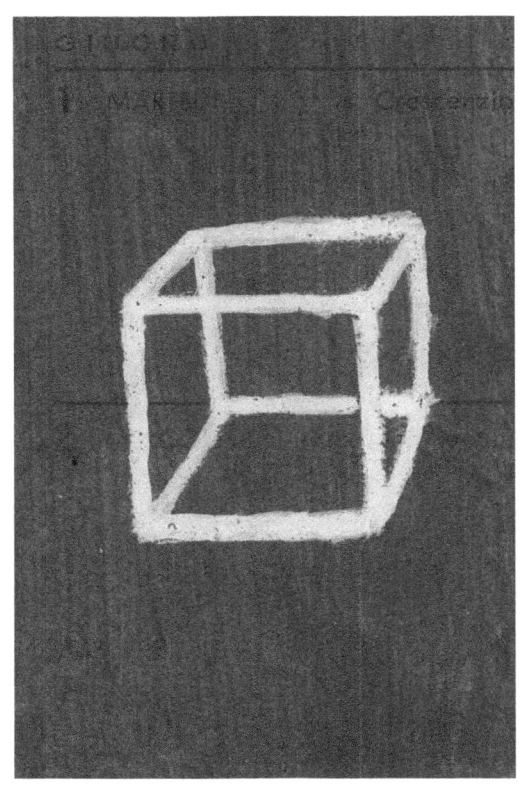

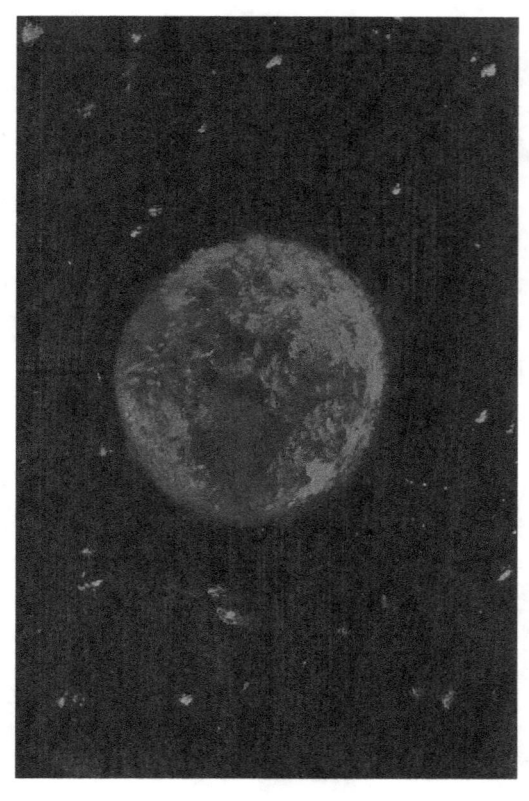

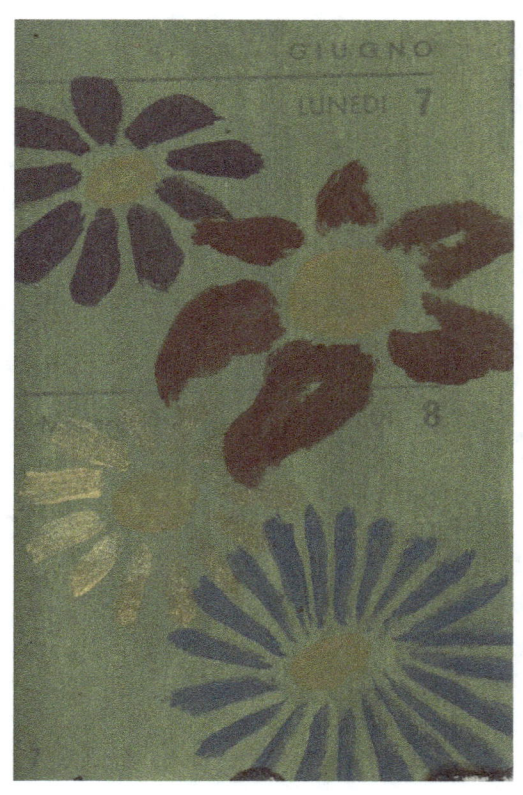

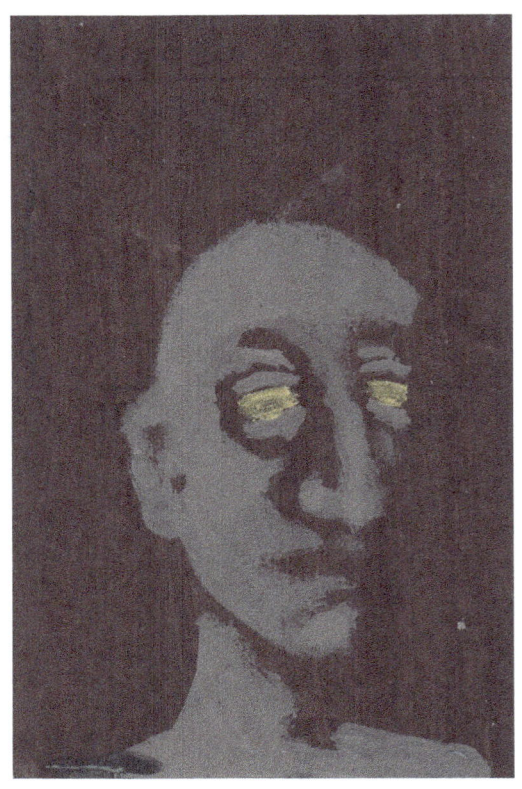

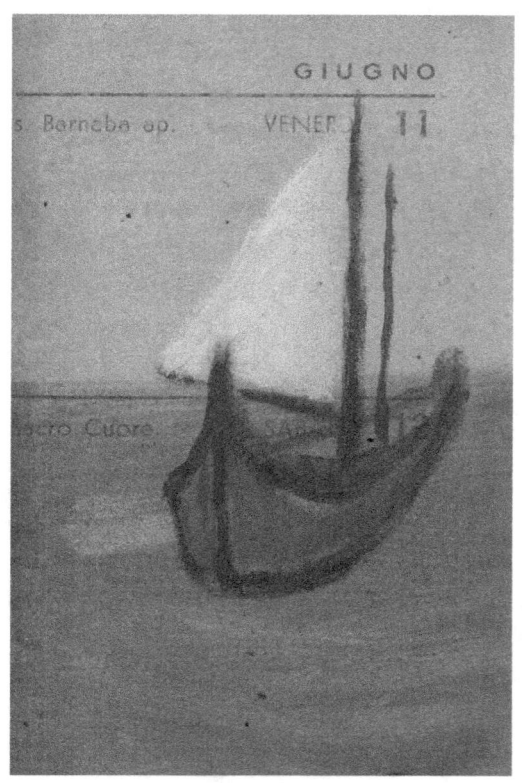

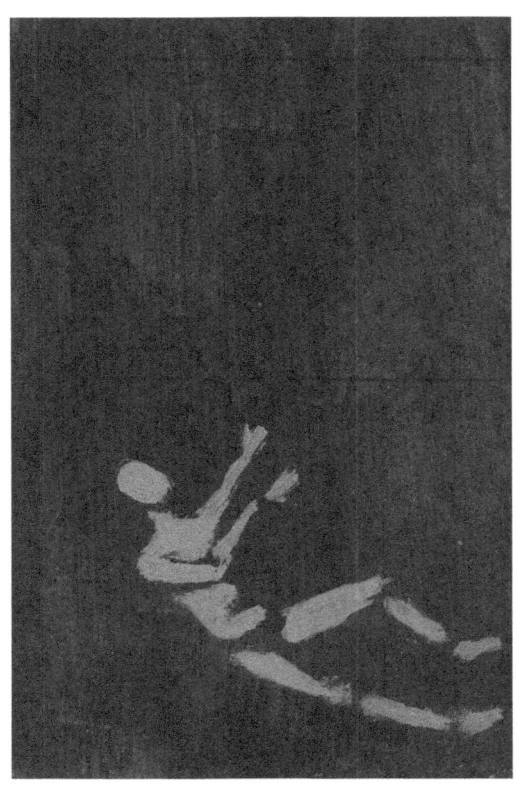

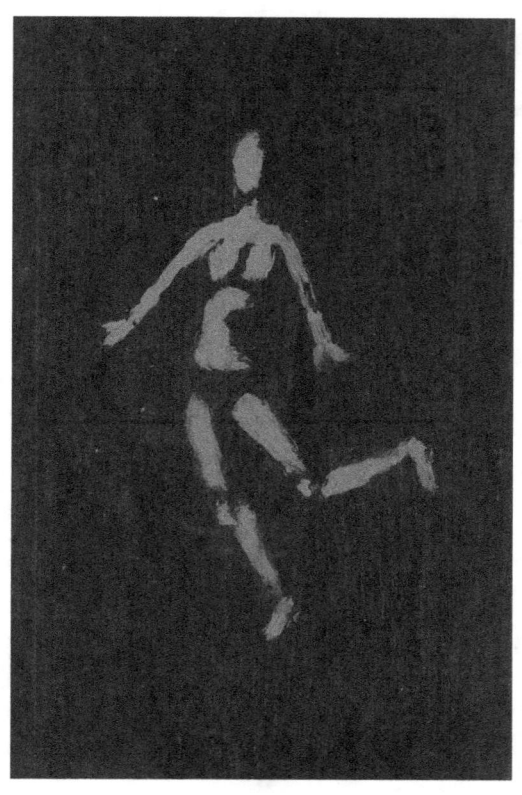

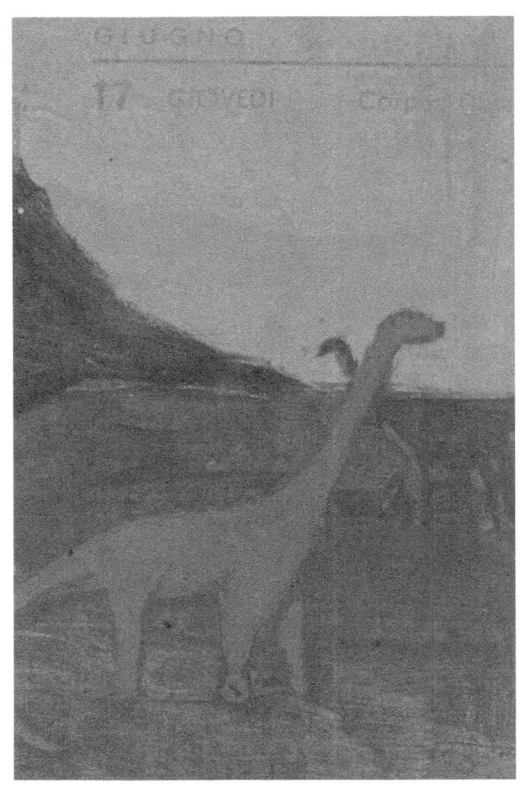

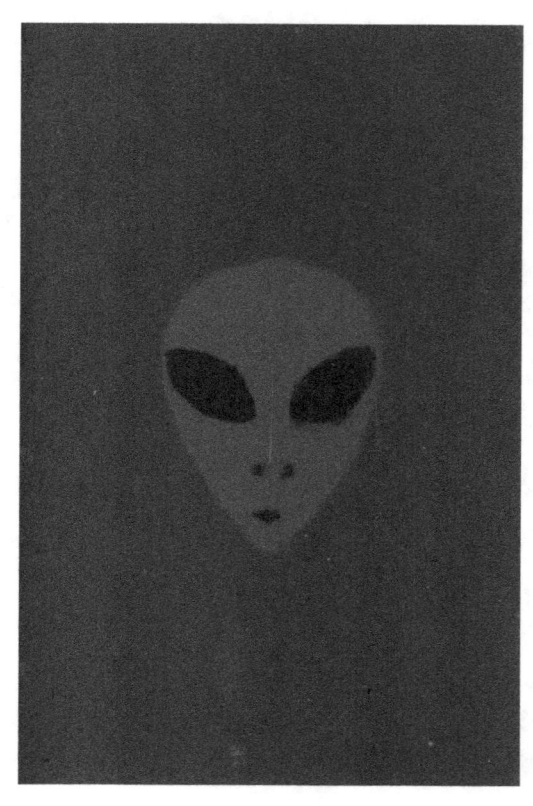

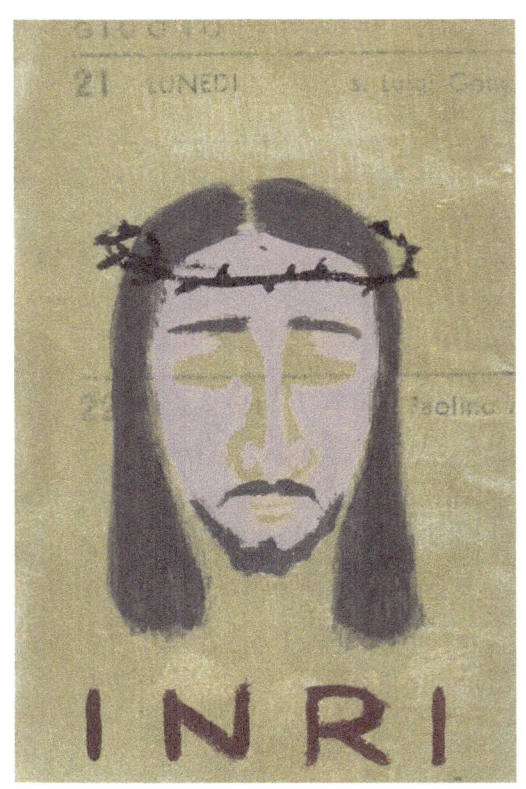

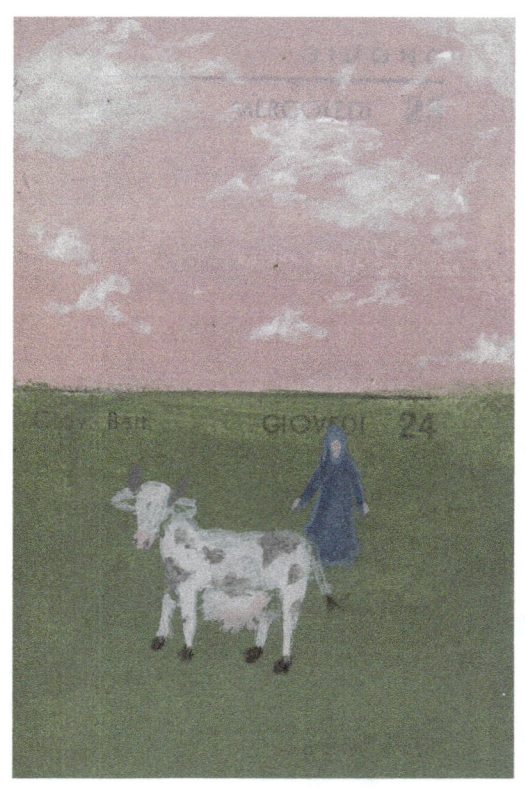

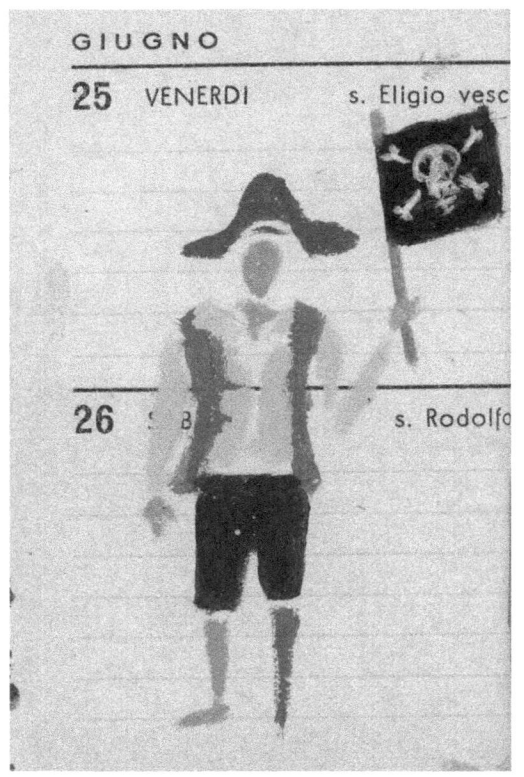

GIUGNO

25 VENERDI   s. Eligio vesc

26   S B   s. Rodolfo

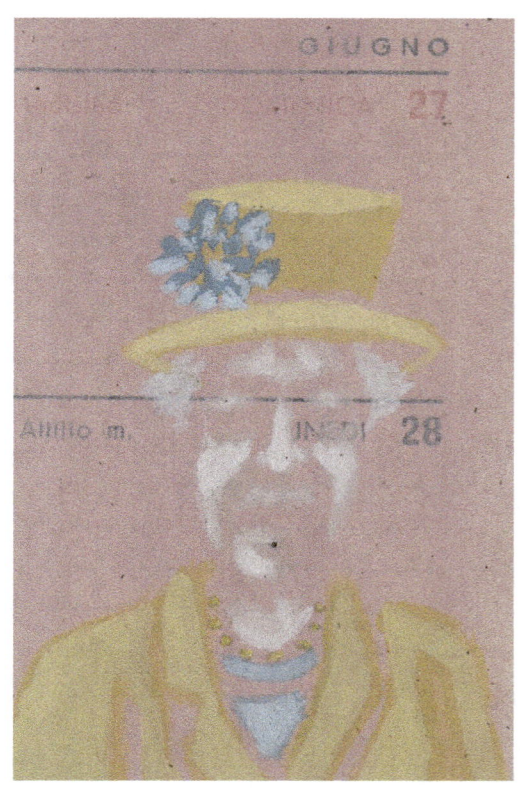

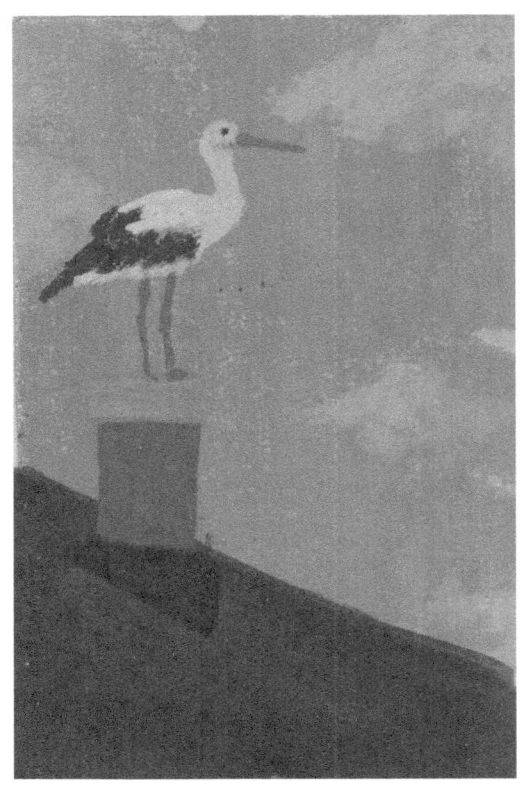

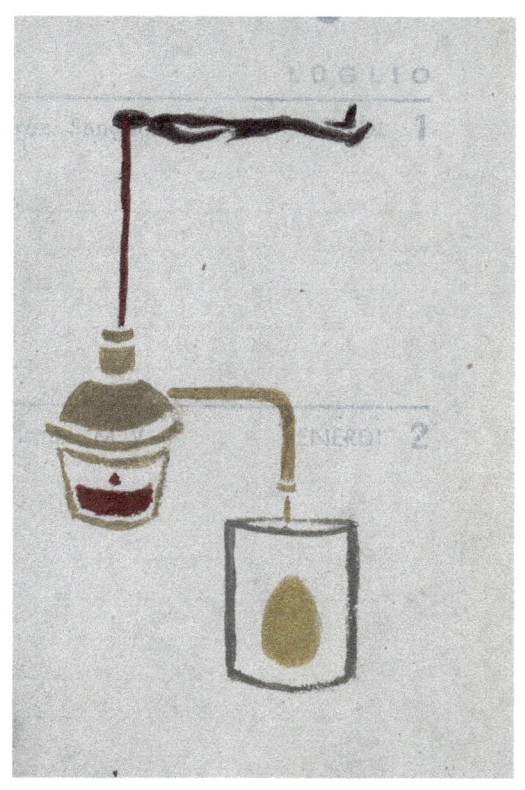

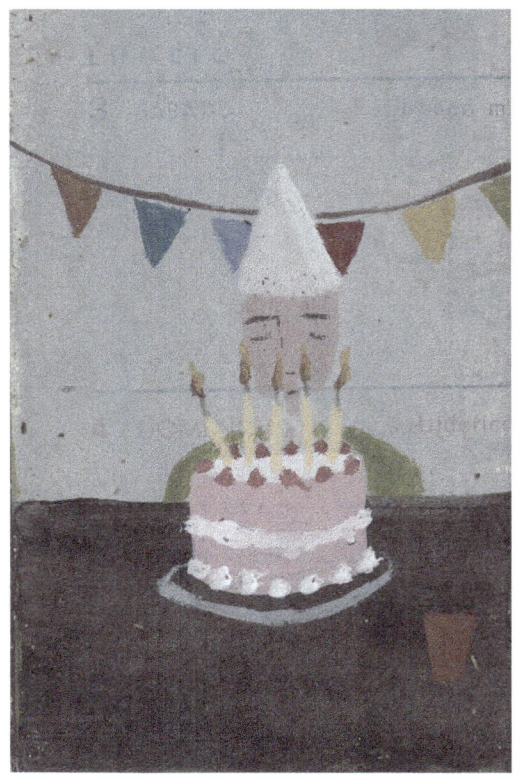

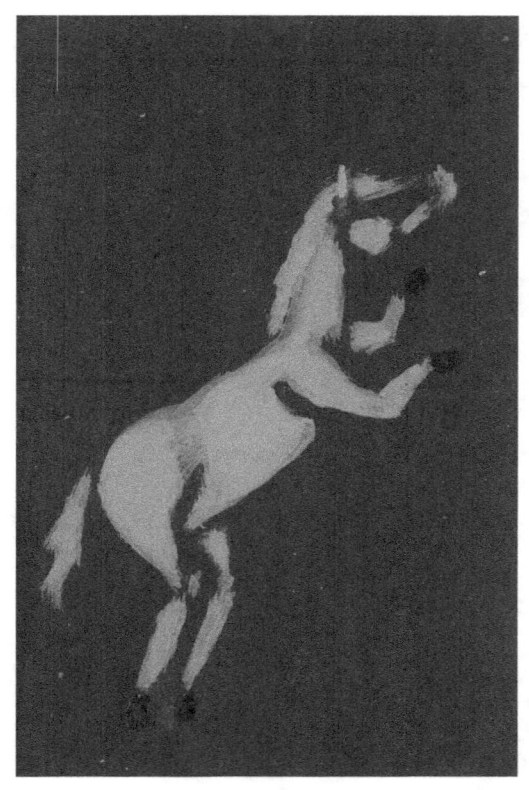

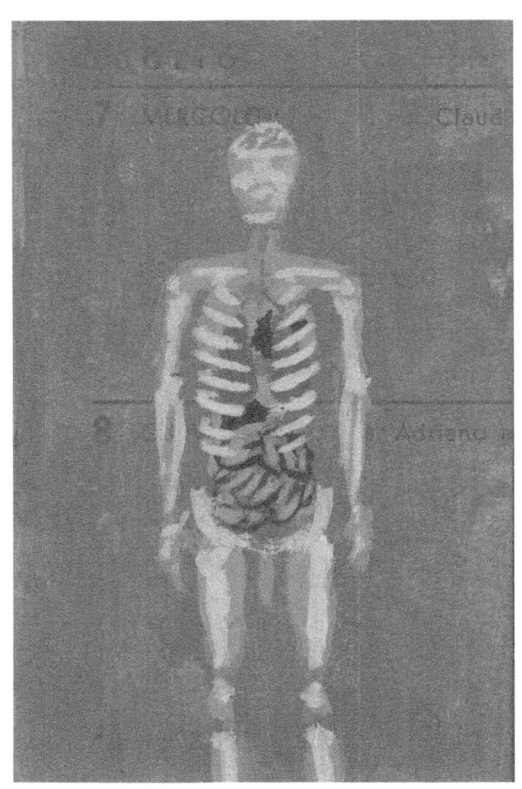

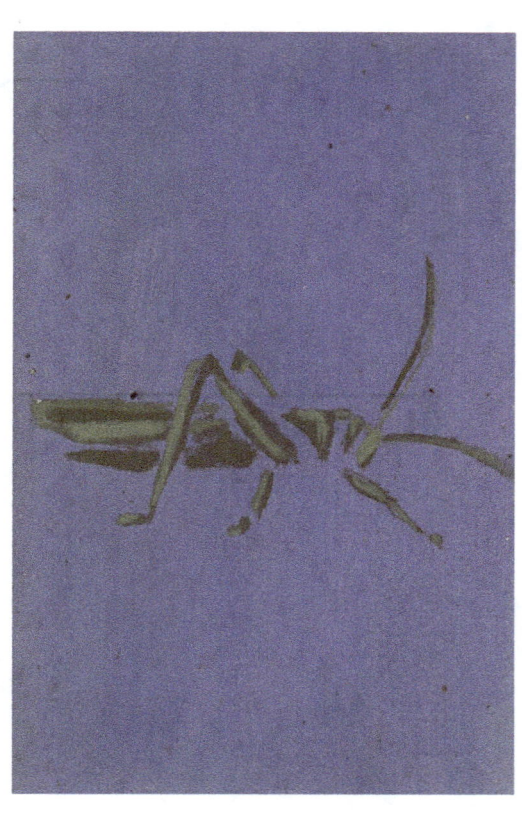

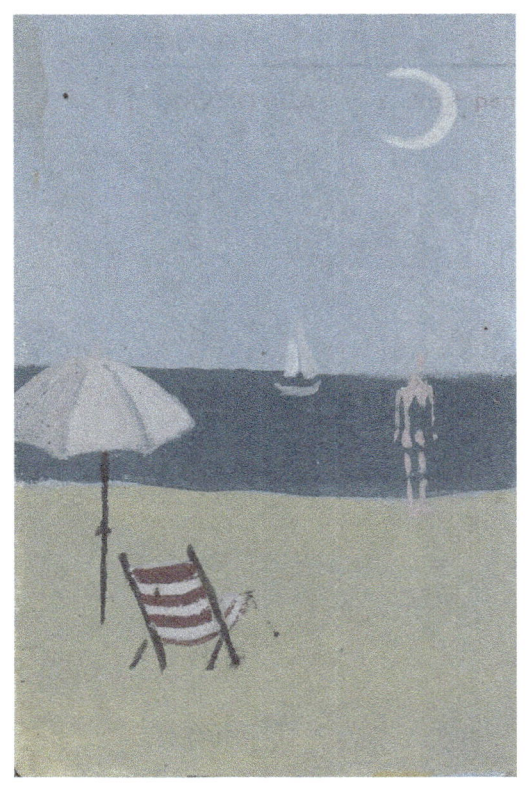

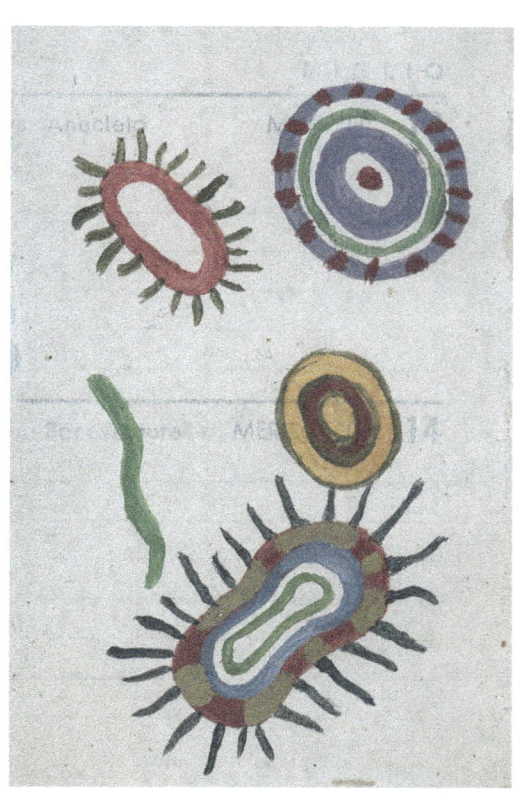

15 GIOVEDI — s. Enrico imp.

.16 VENERDI — B. V. del Carmine

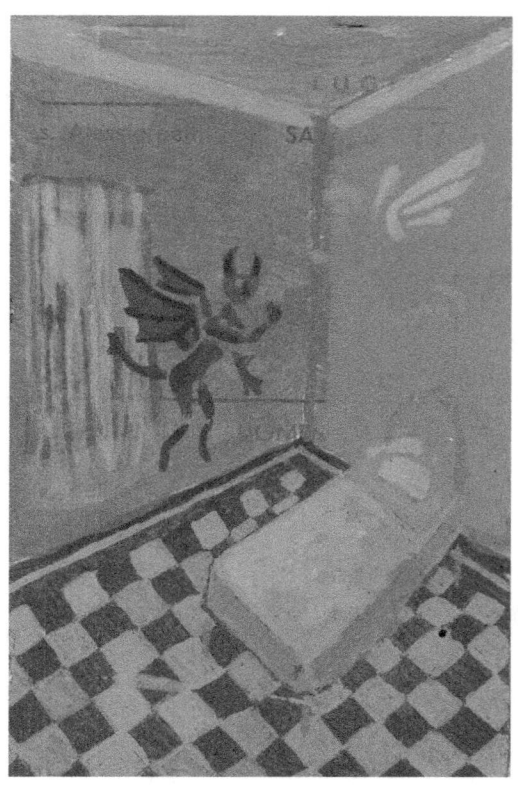

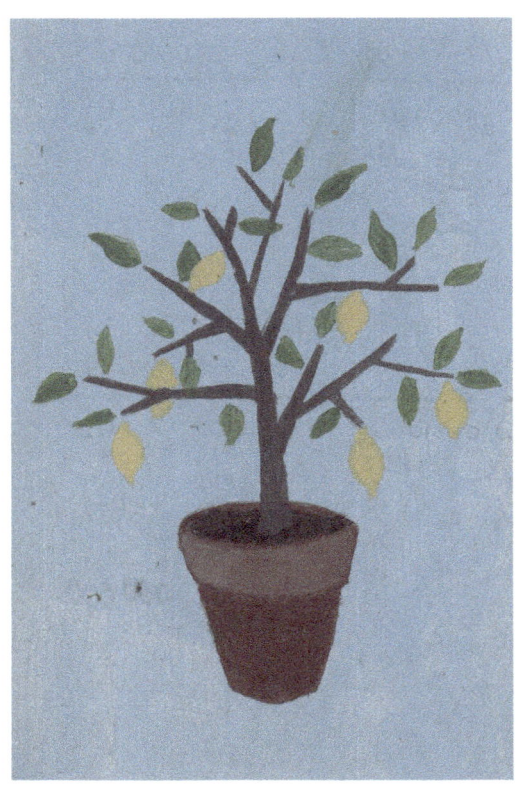

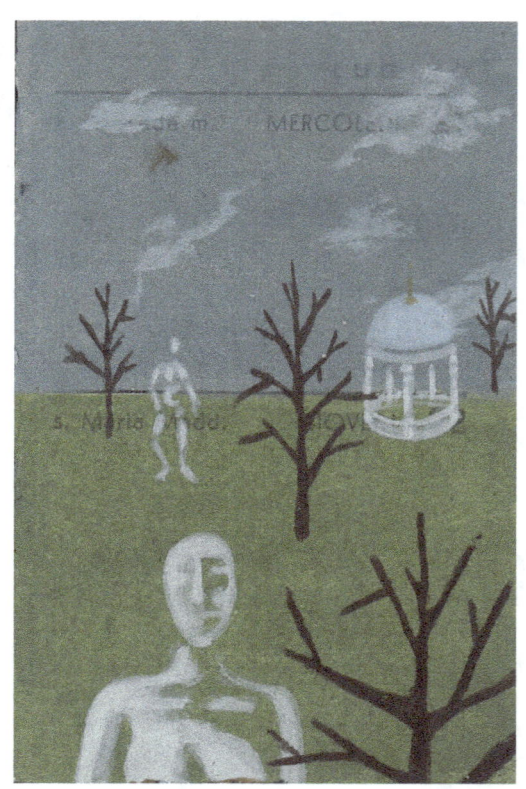

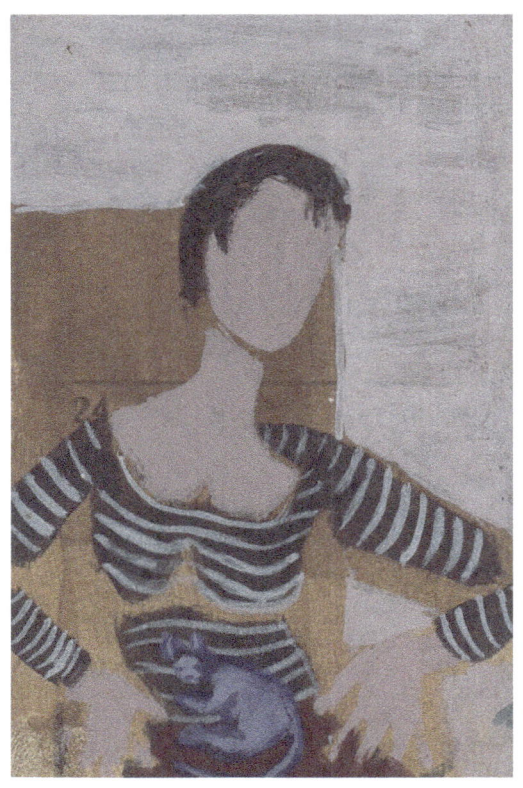

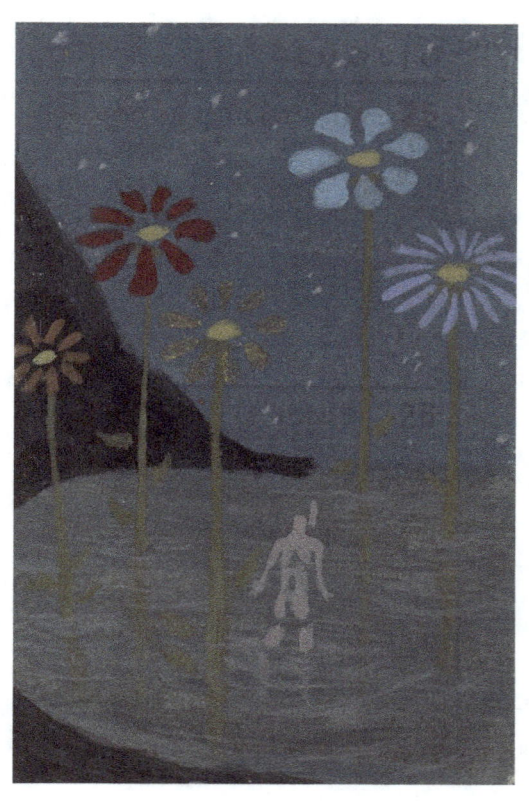

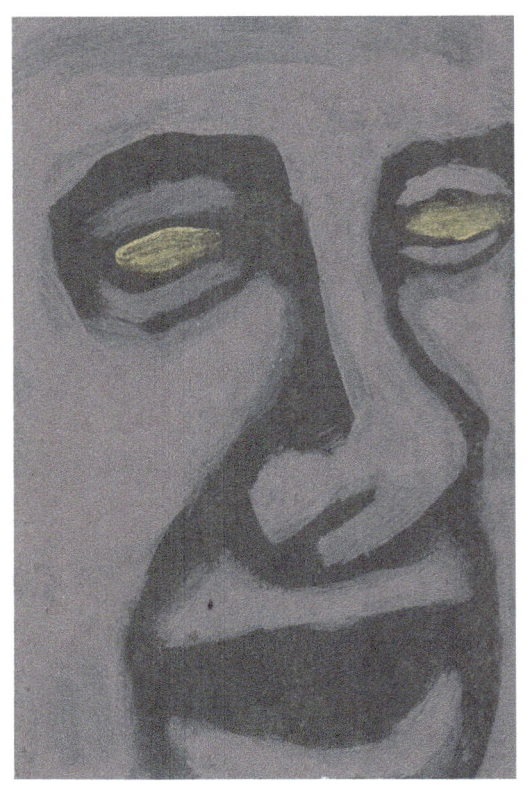

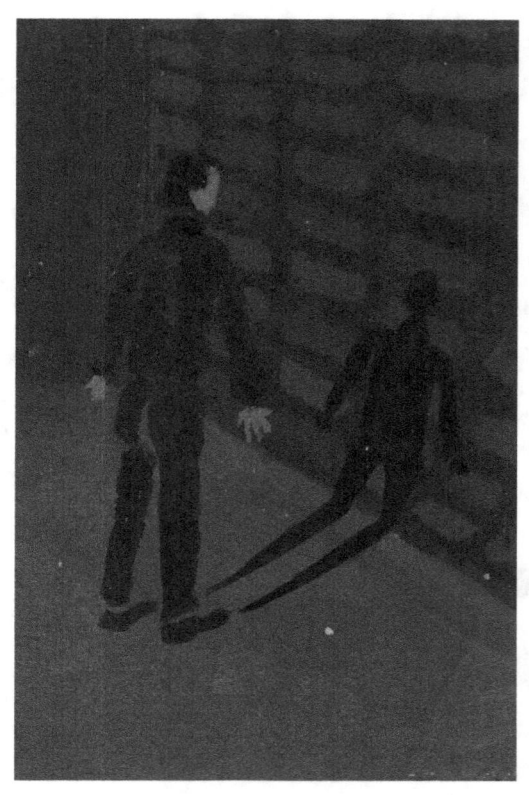

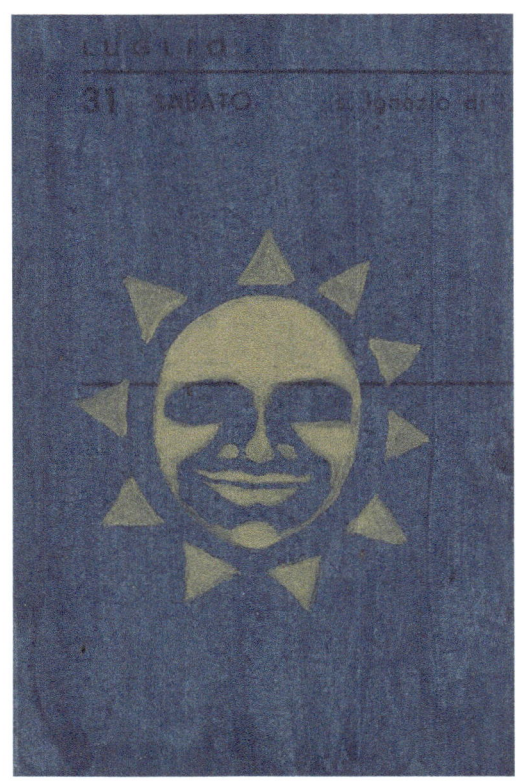

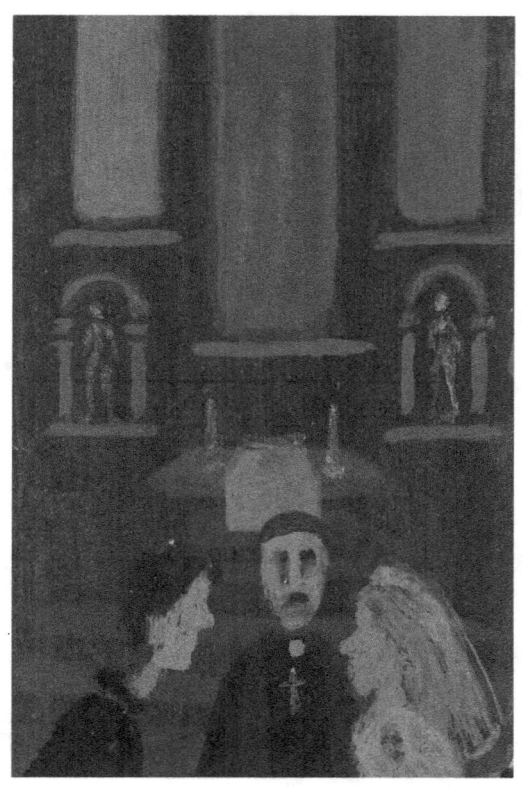

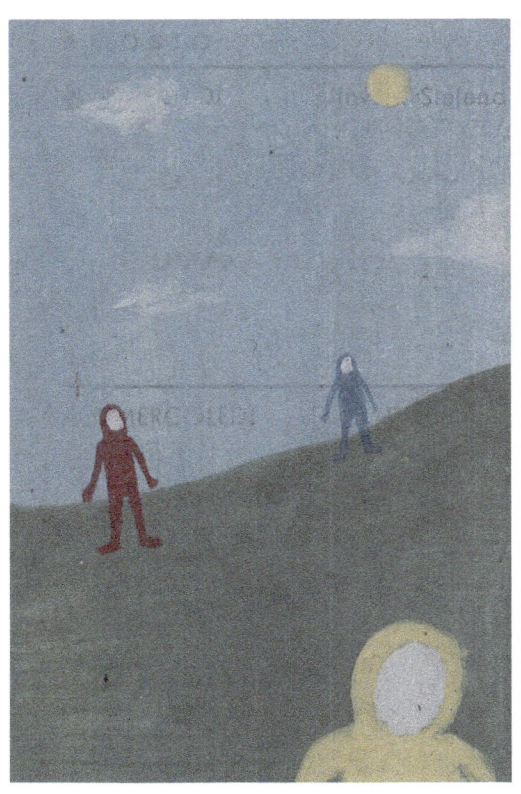

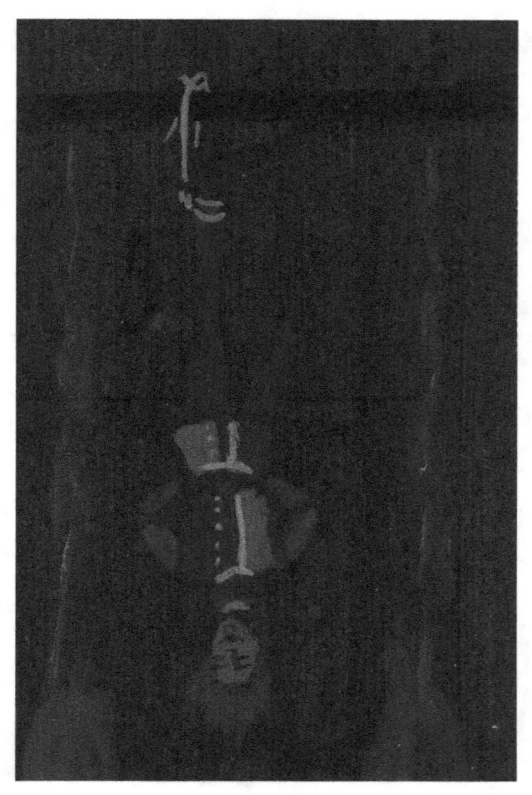

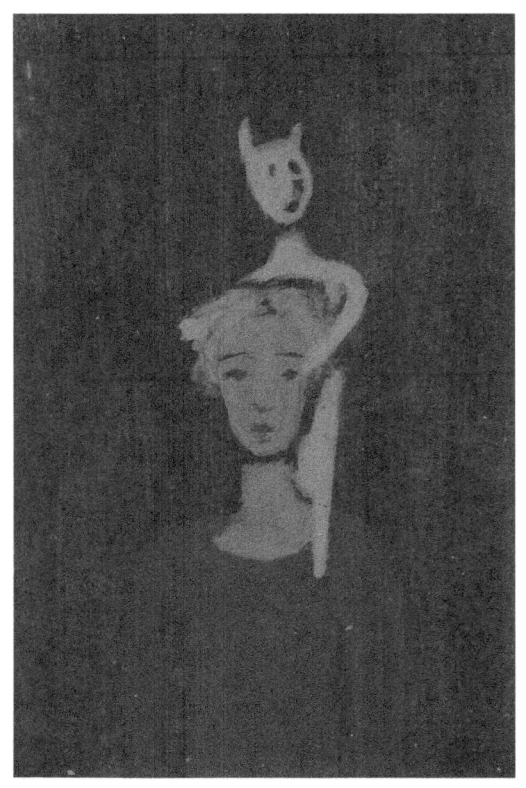

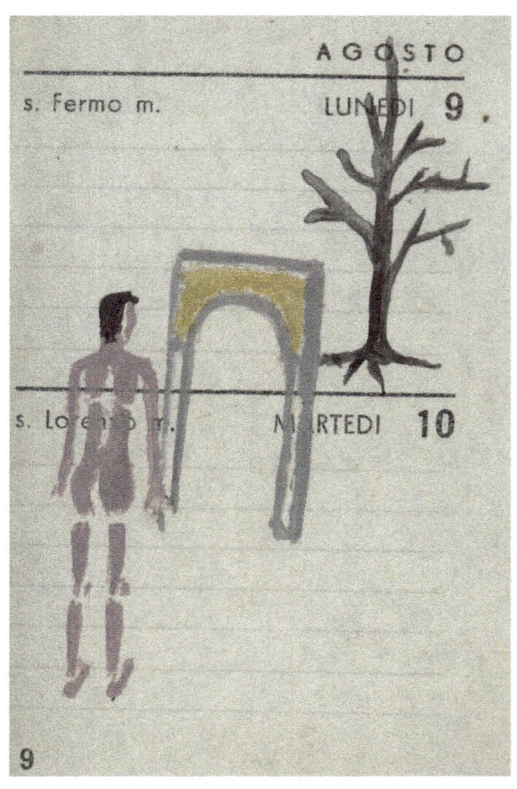

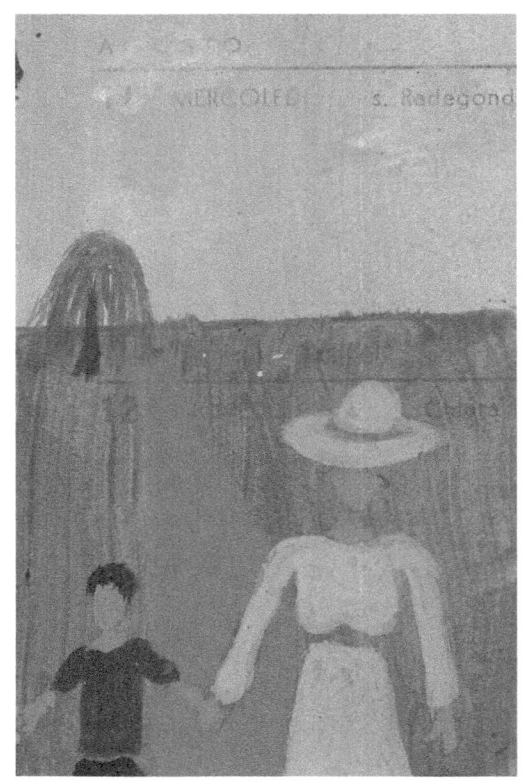

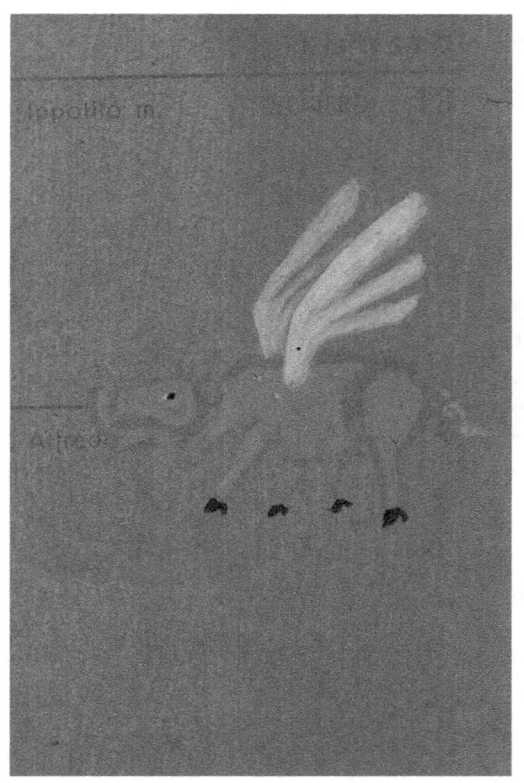

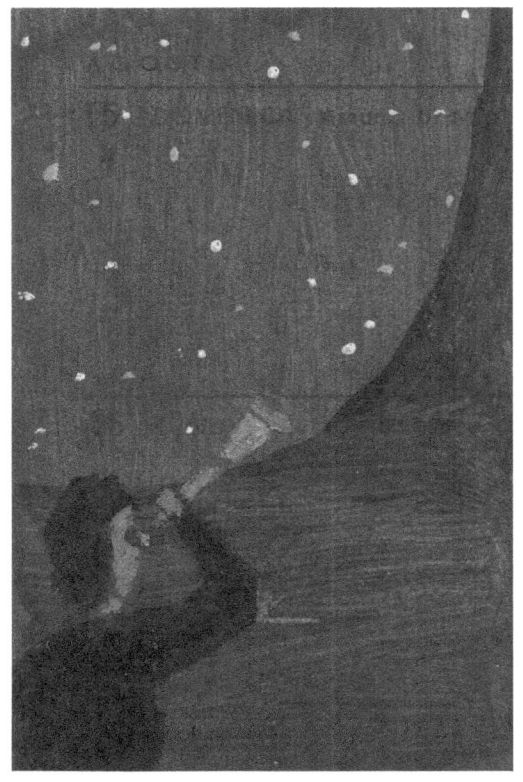

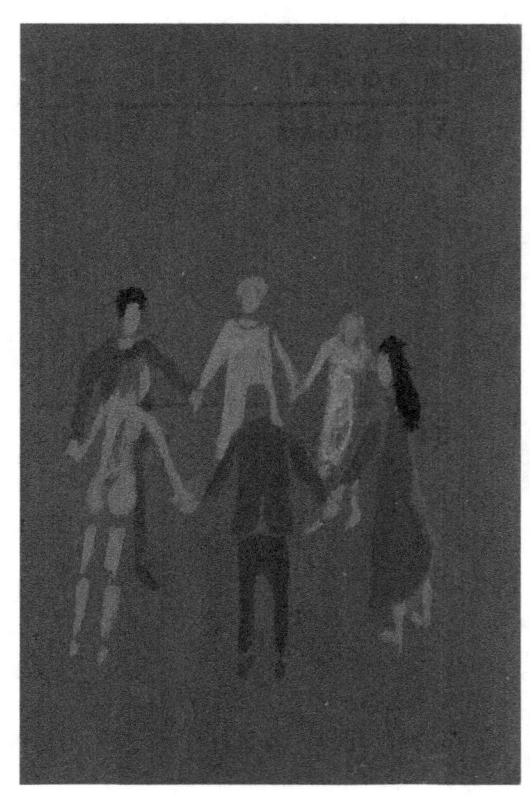

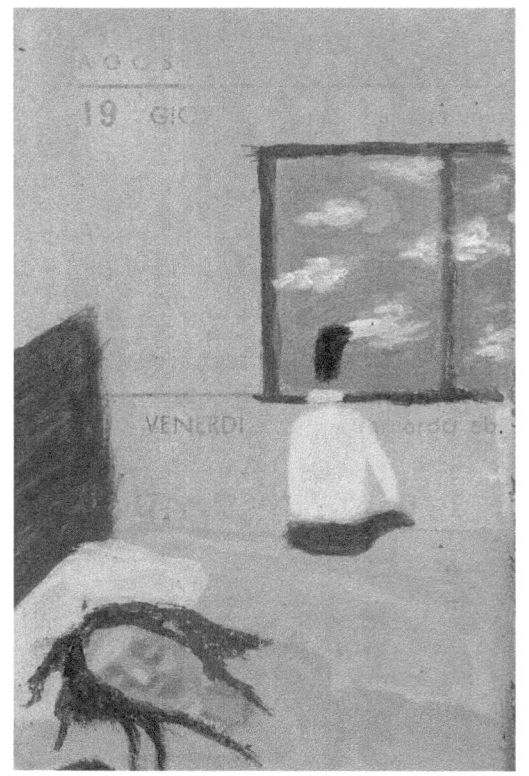

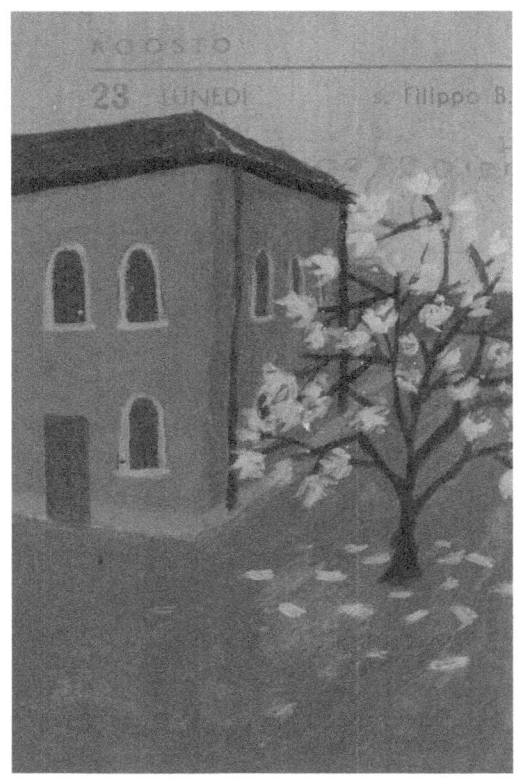

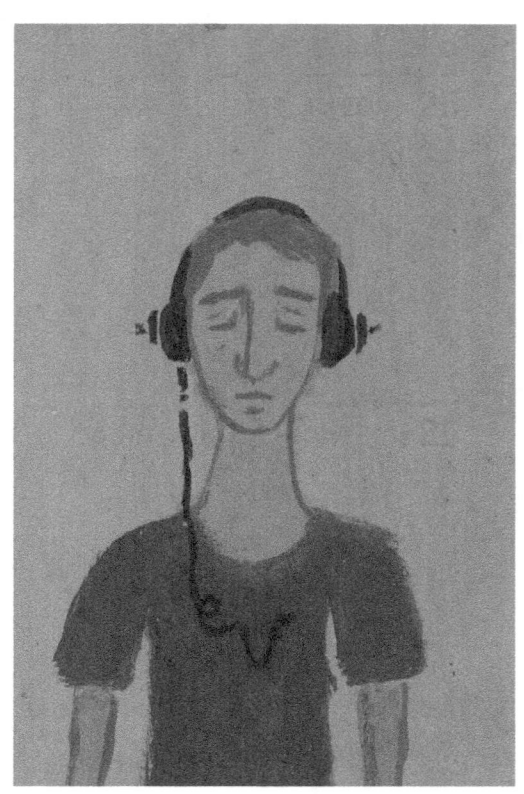

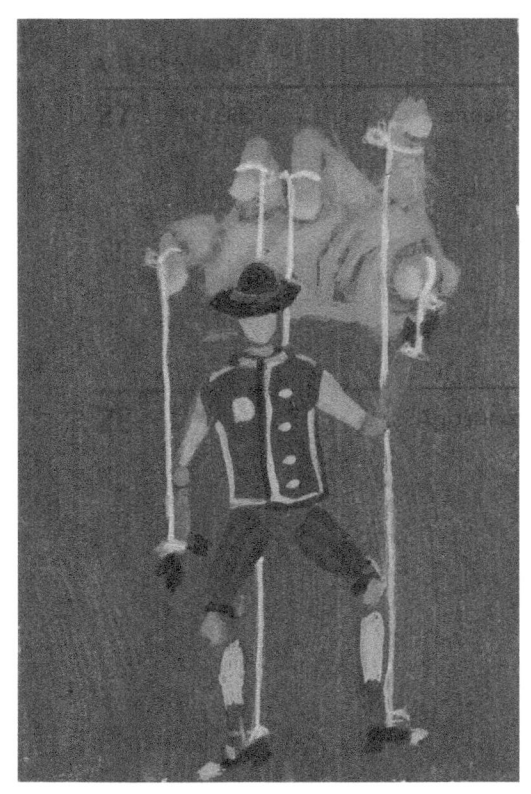

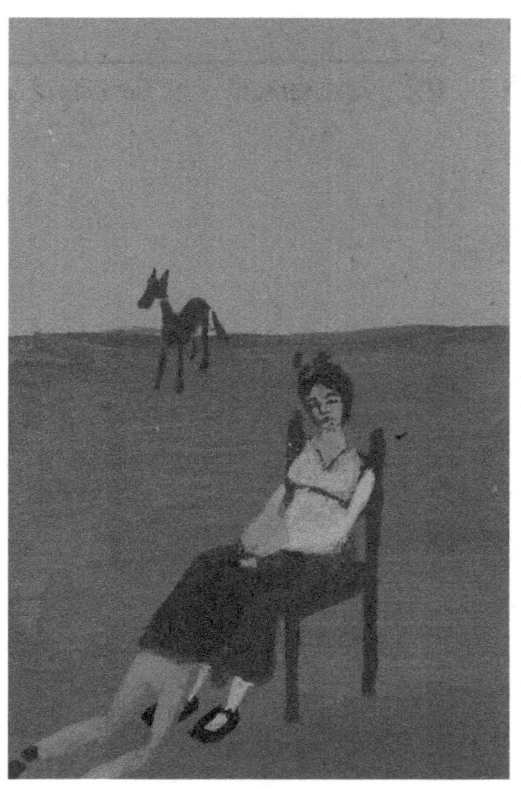

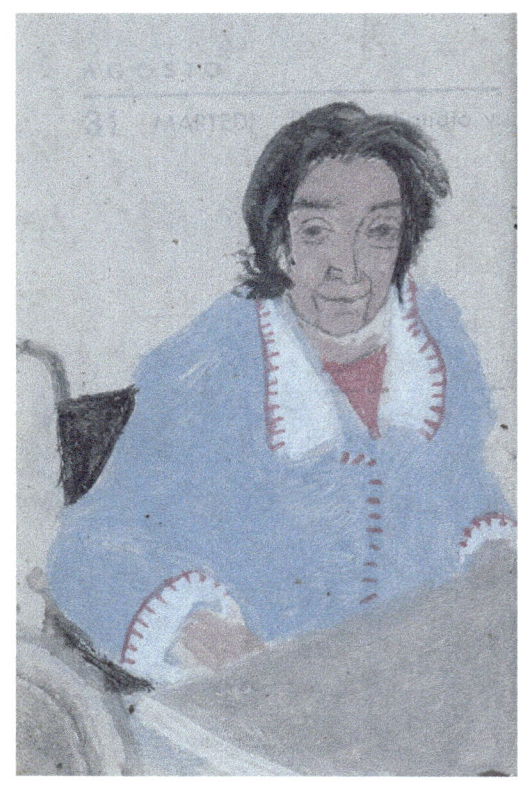

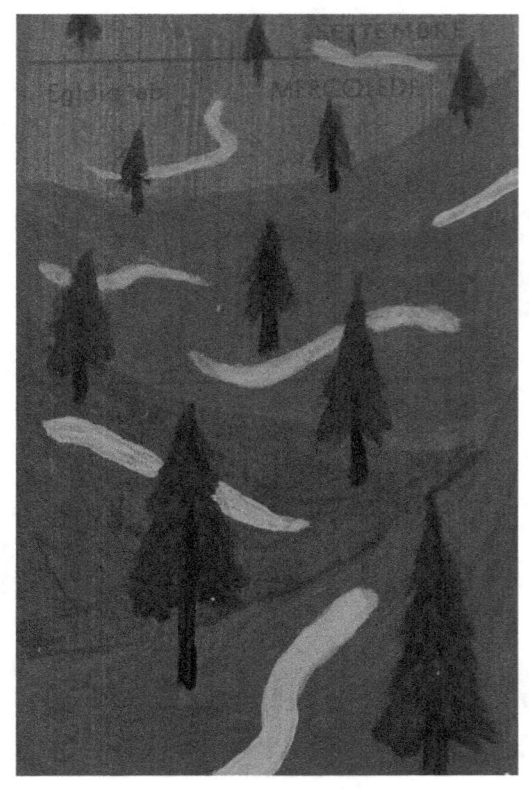

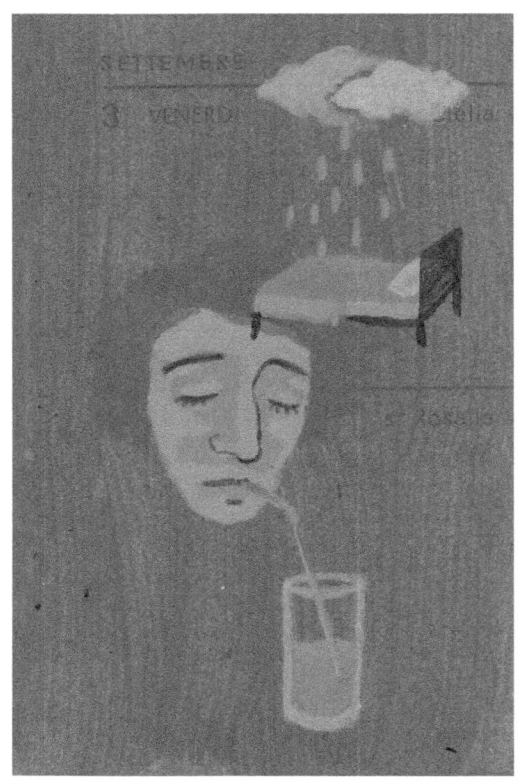

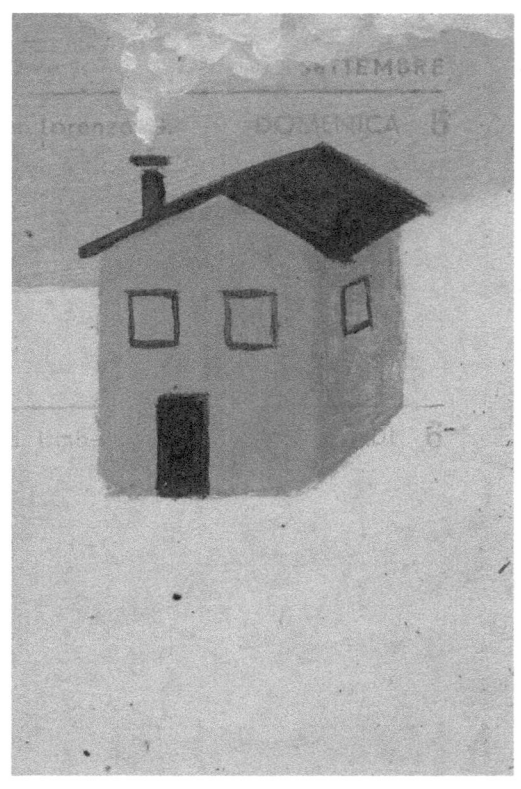

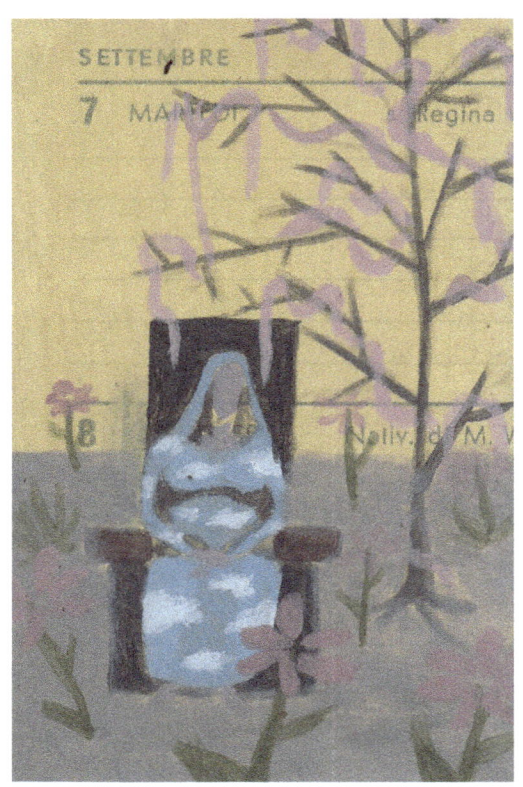

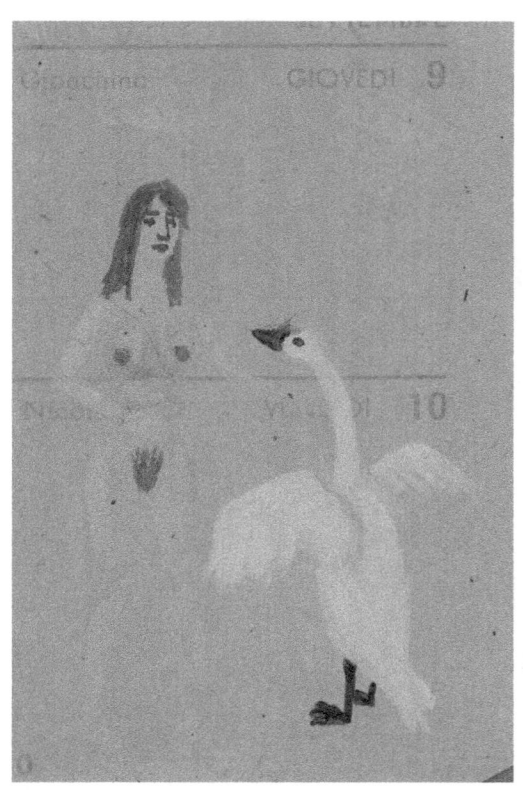

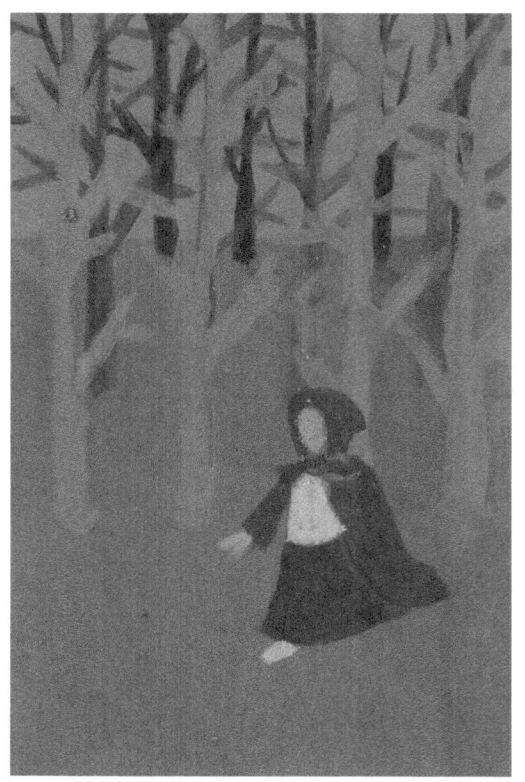

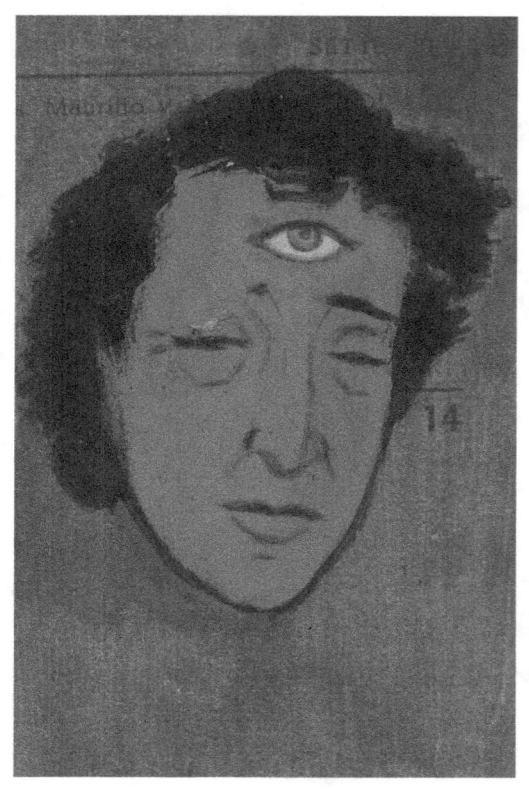

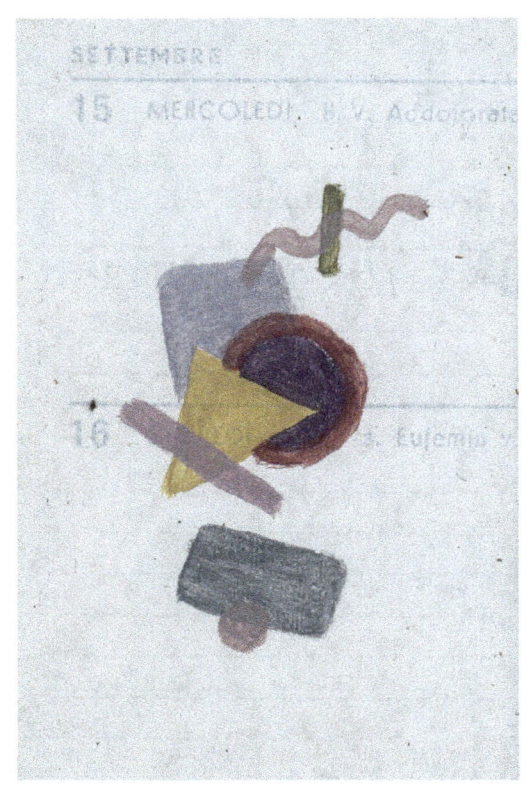

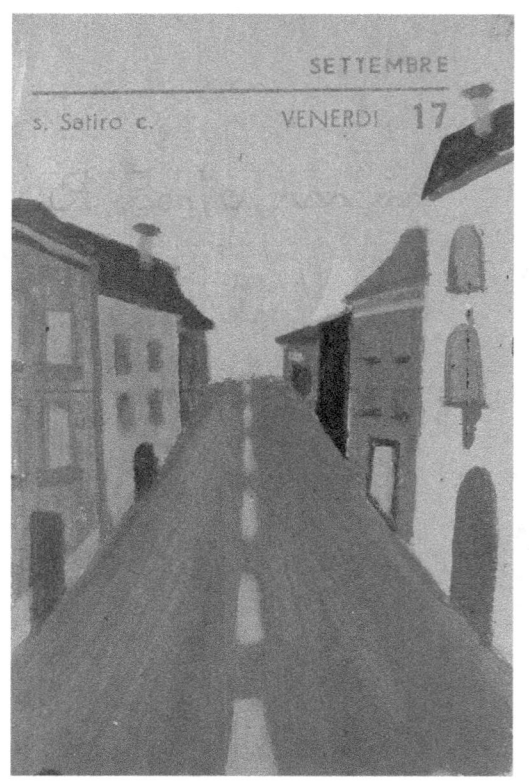

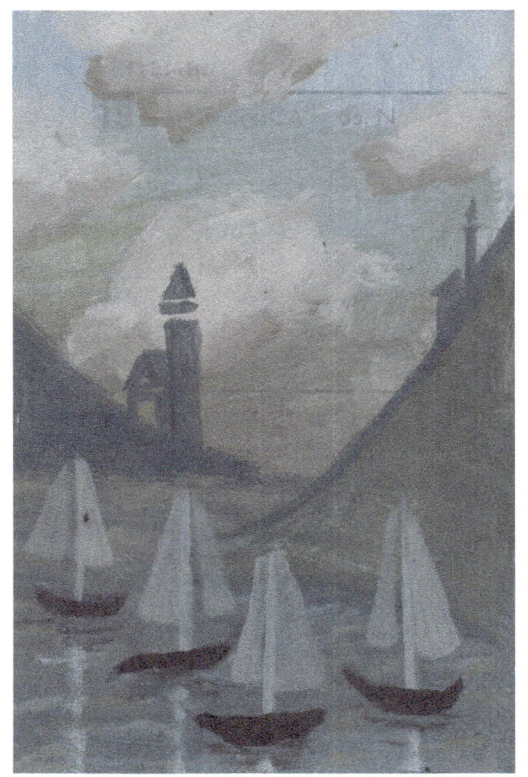

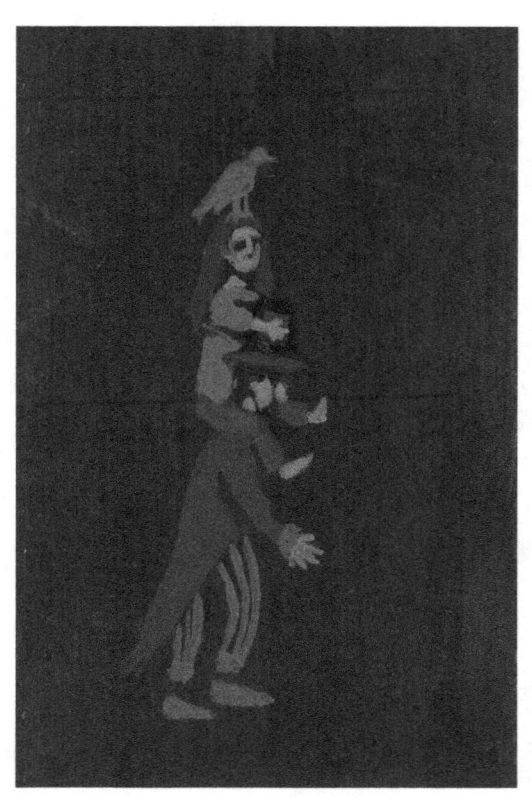

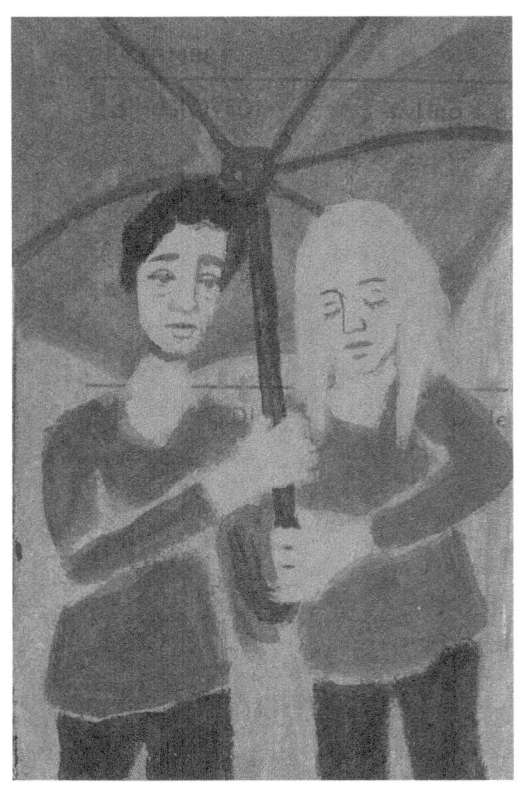

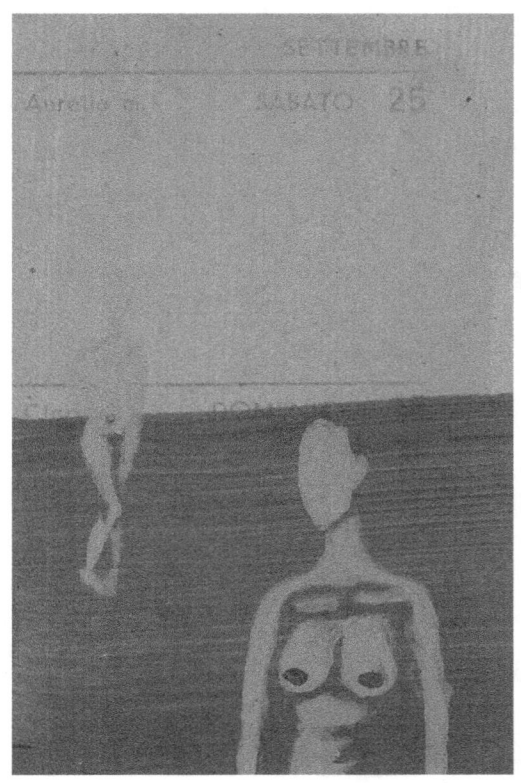

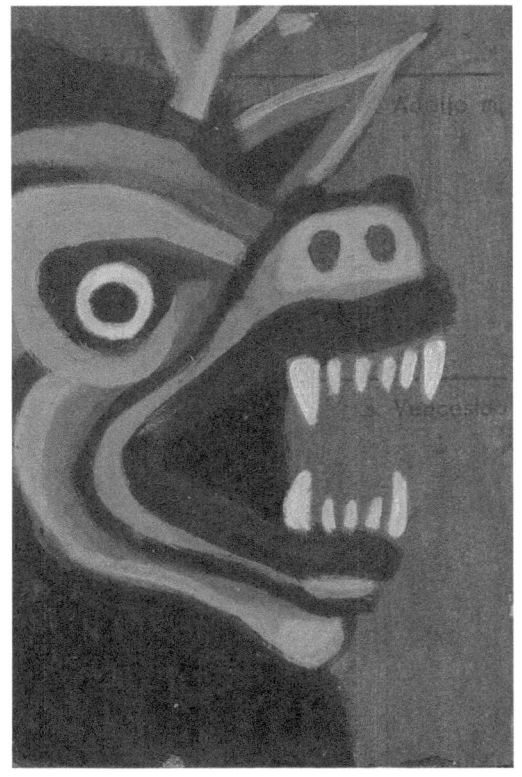

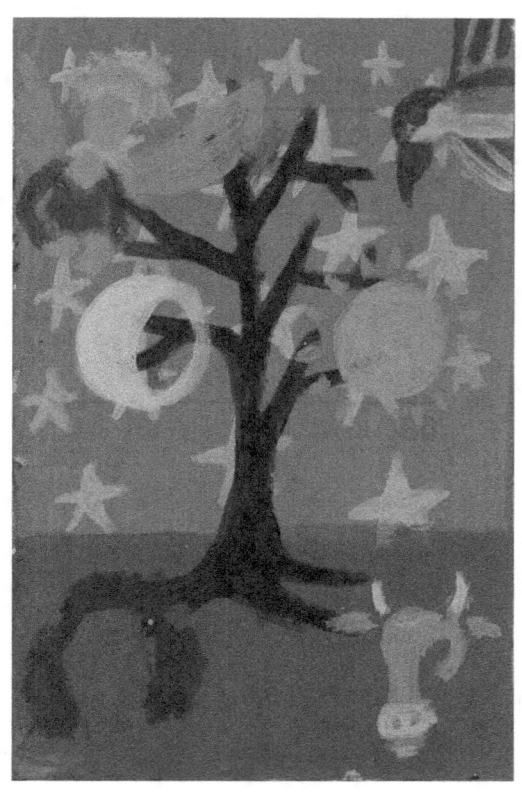

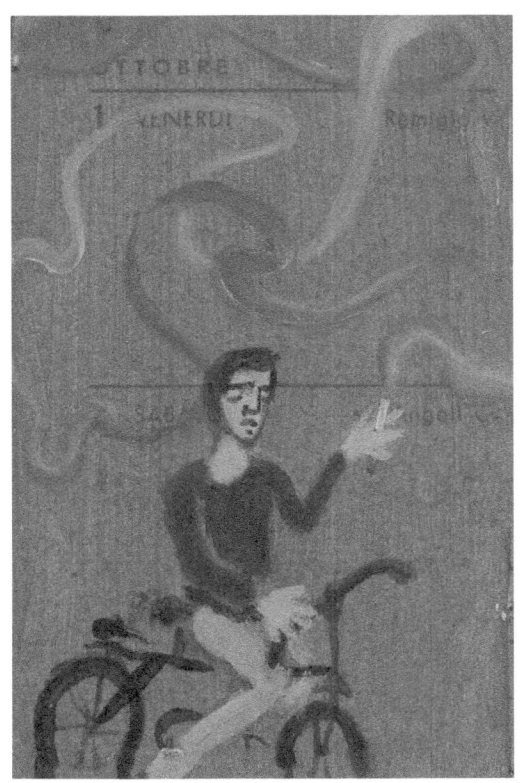

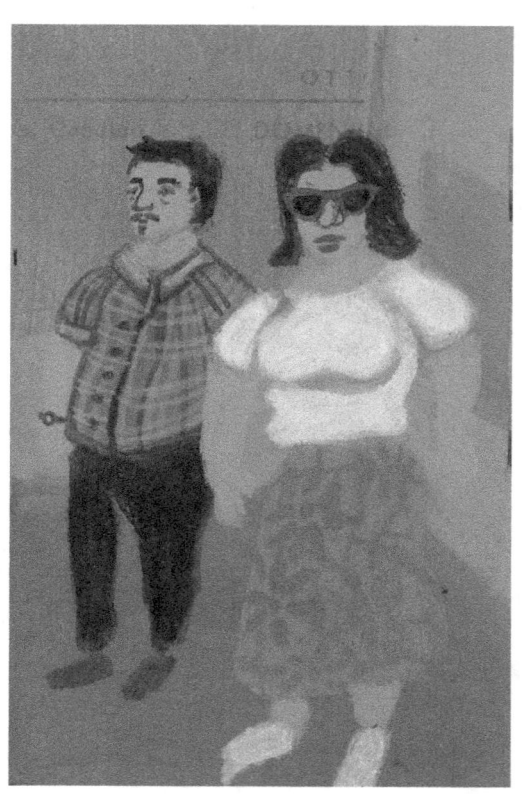

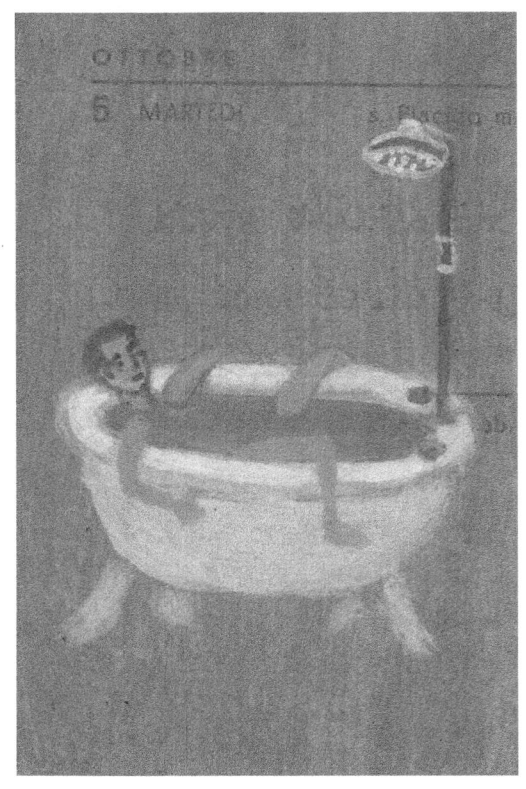

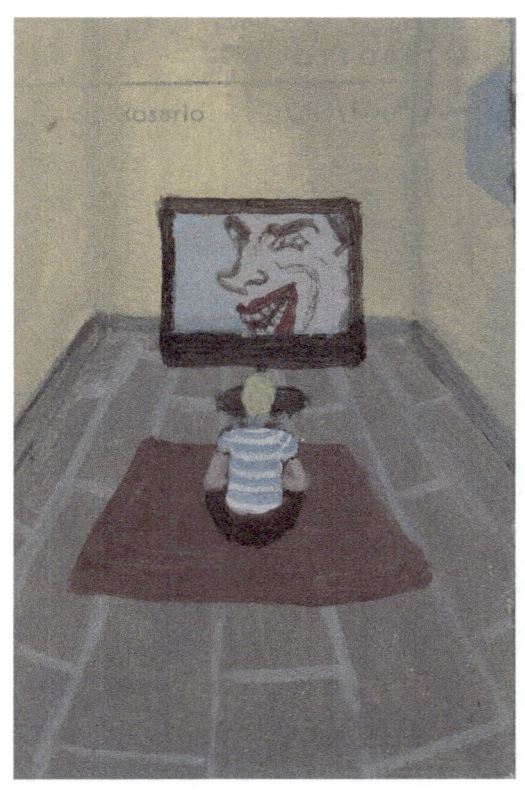

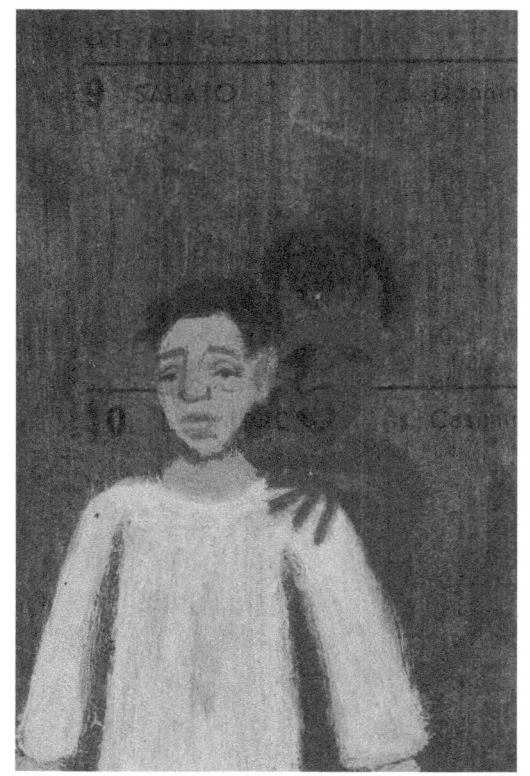

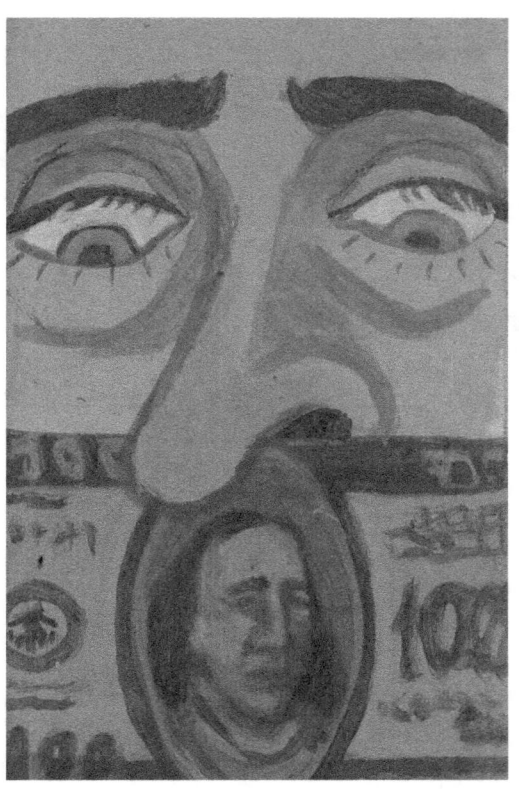

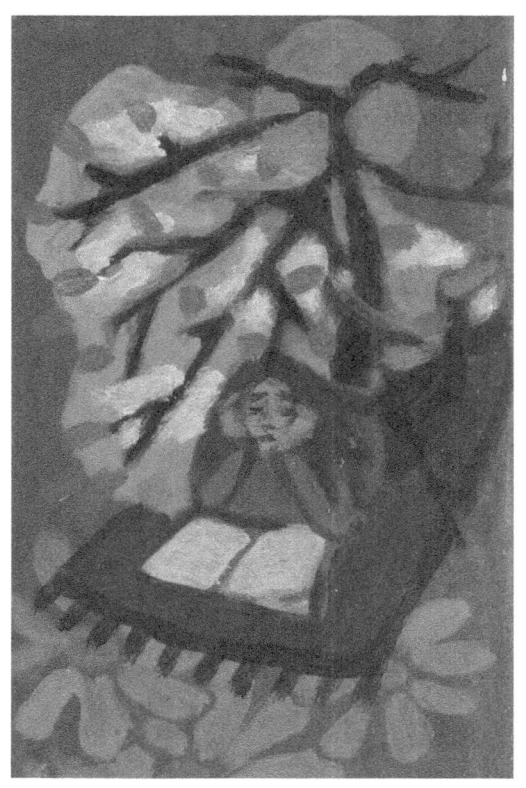

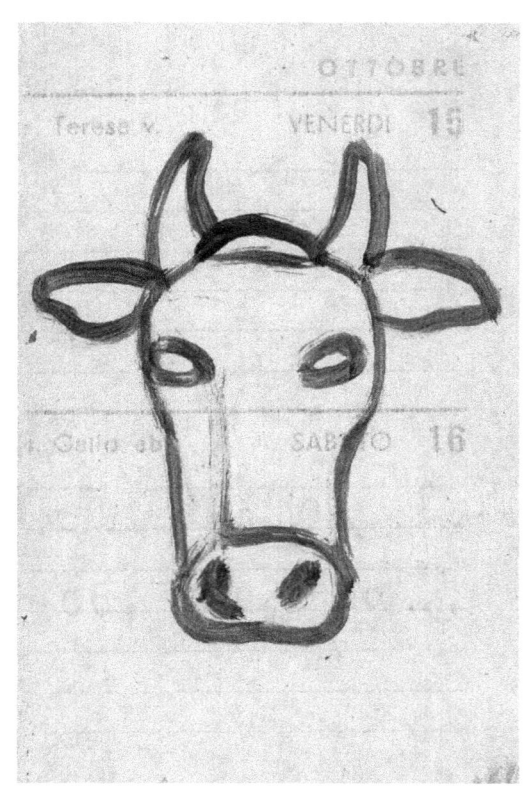

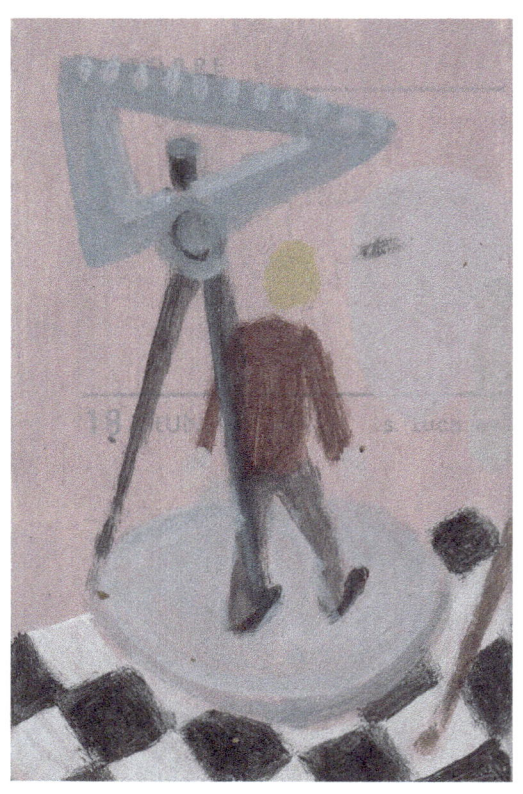

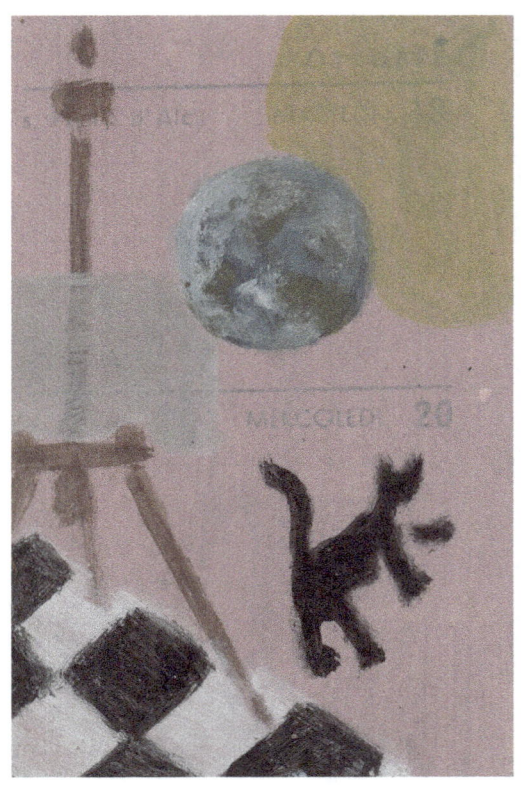

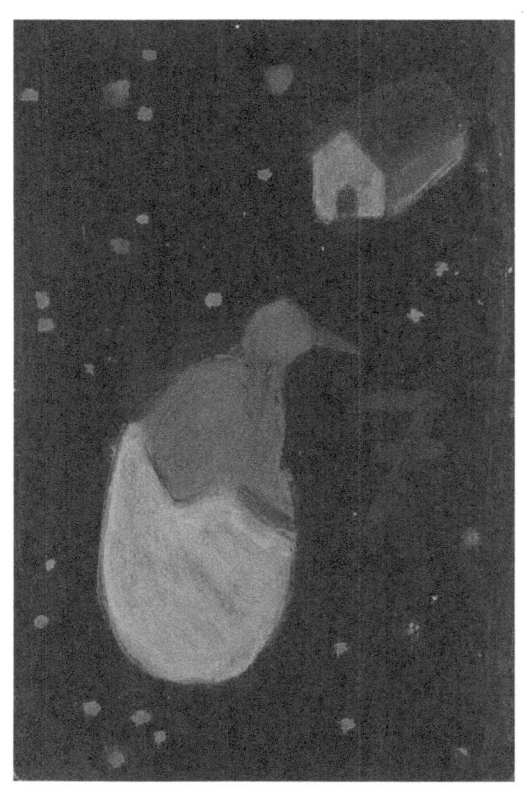

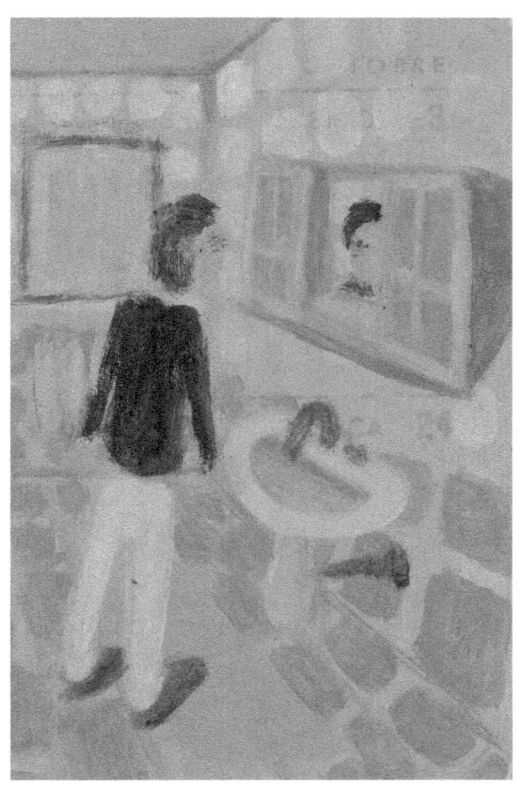

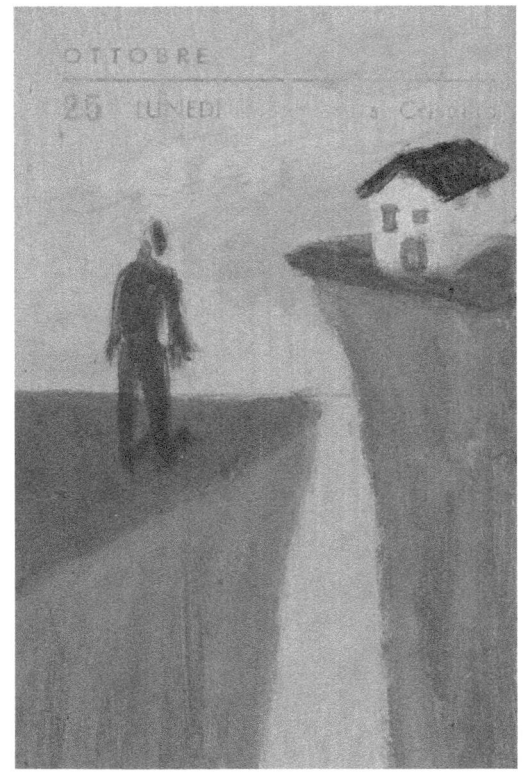

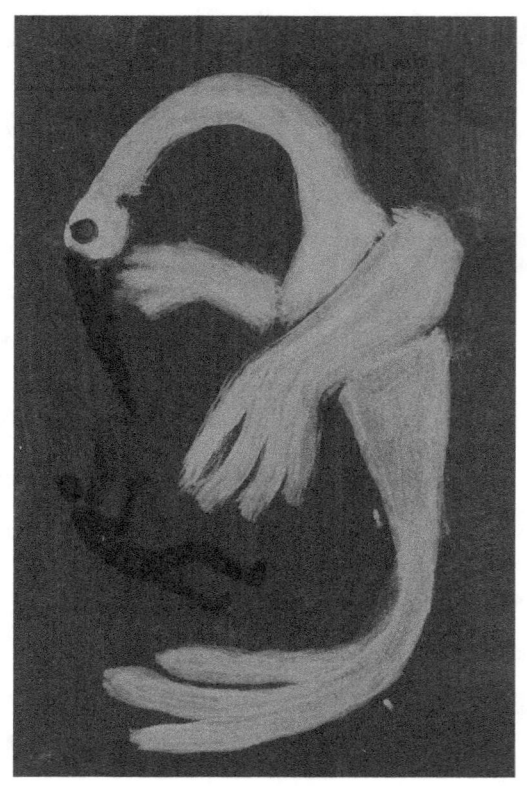

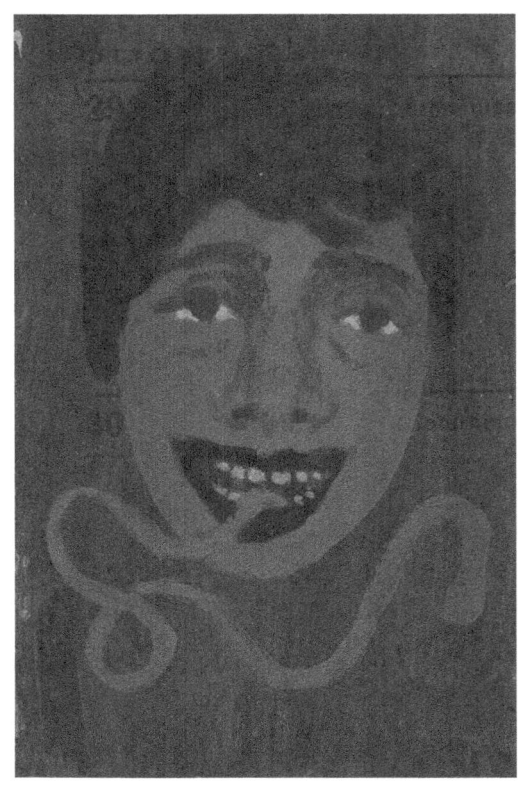

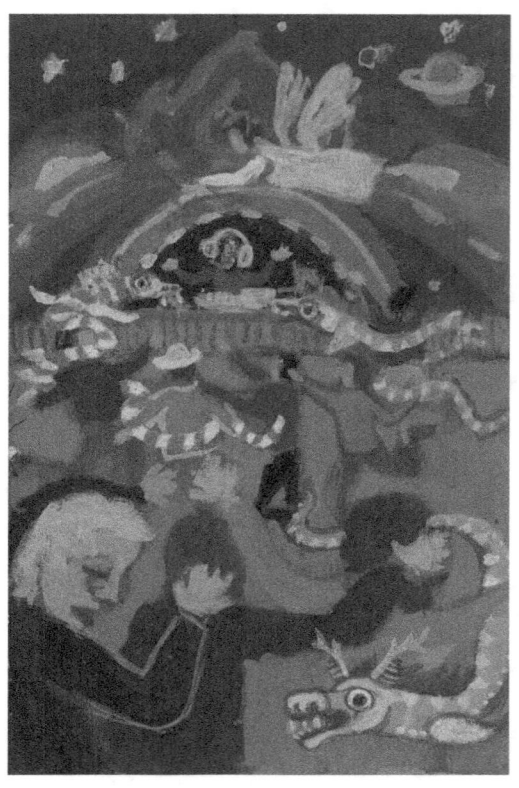

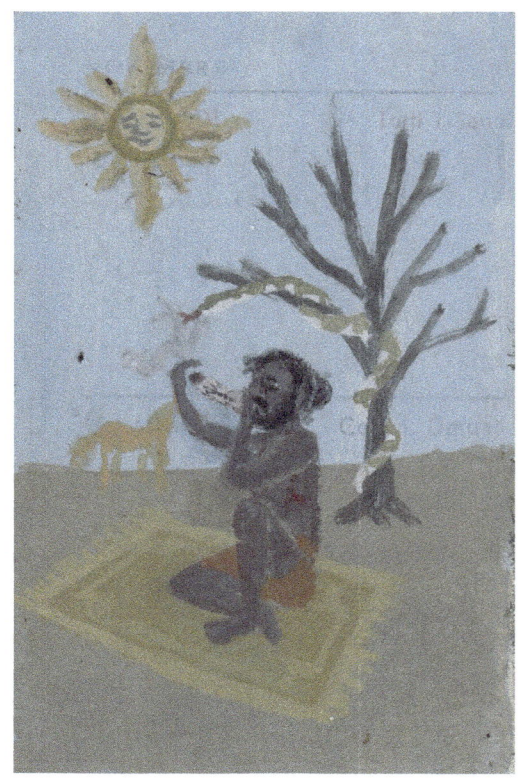

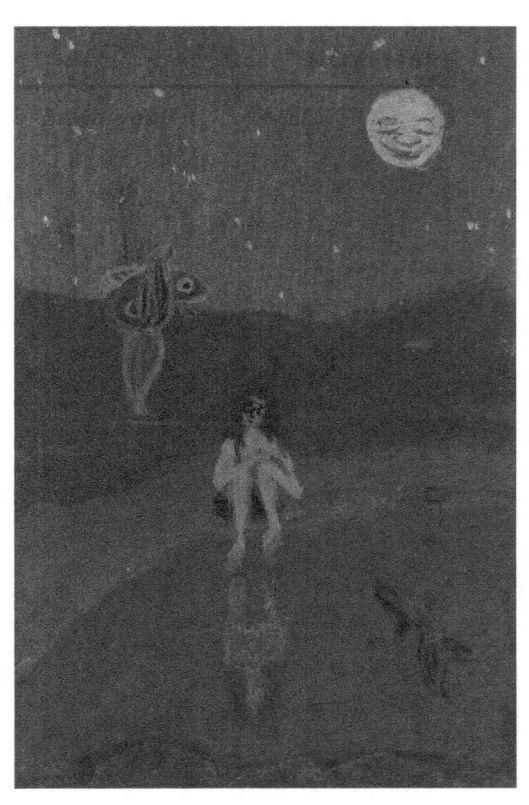

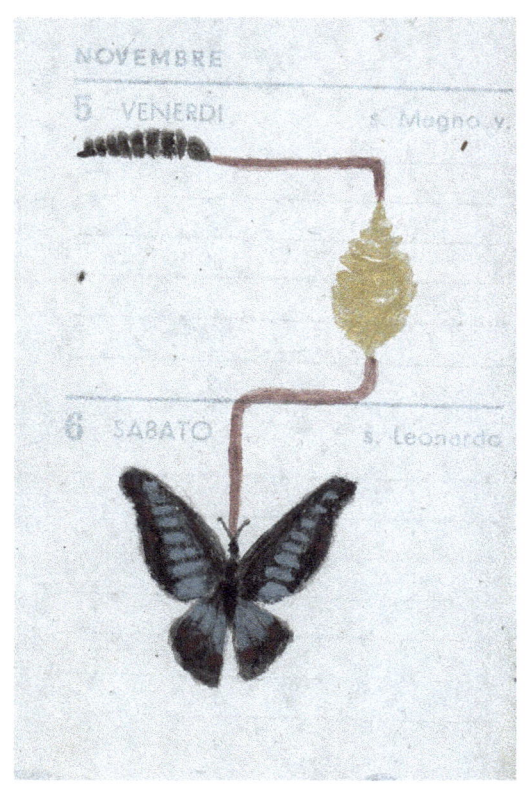

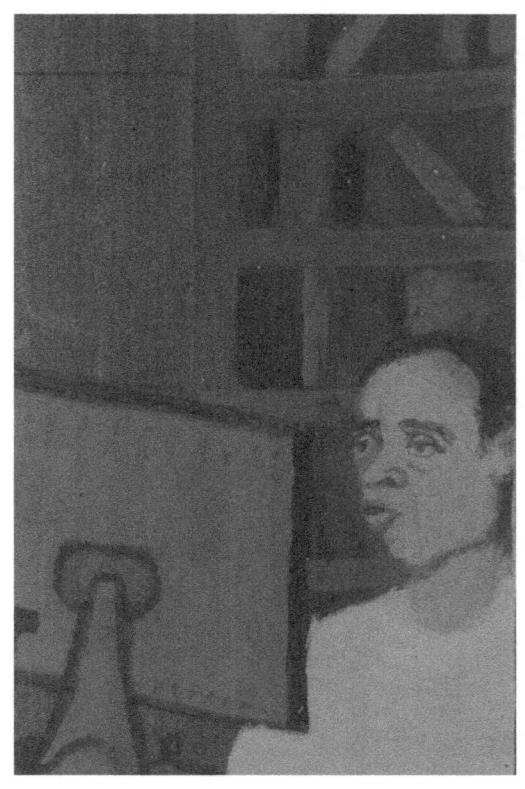

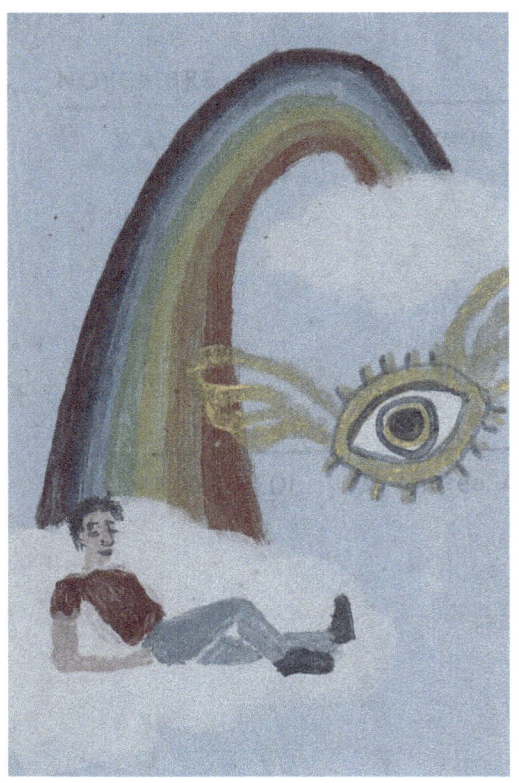

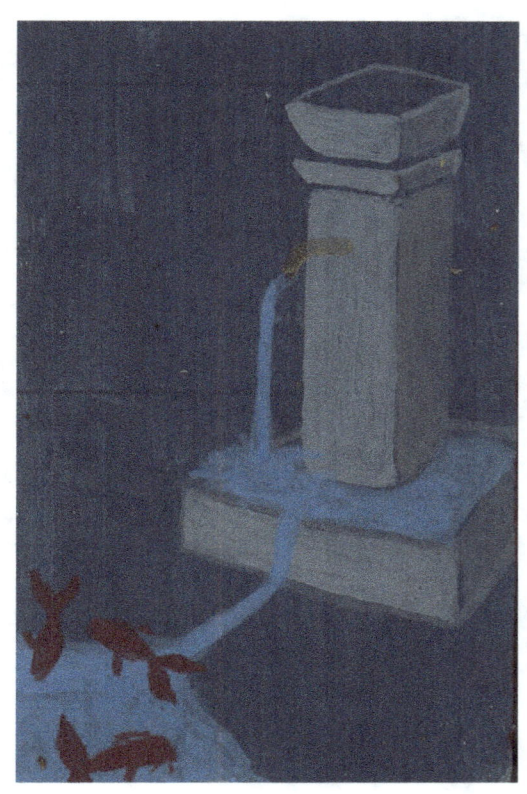

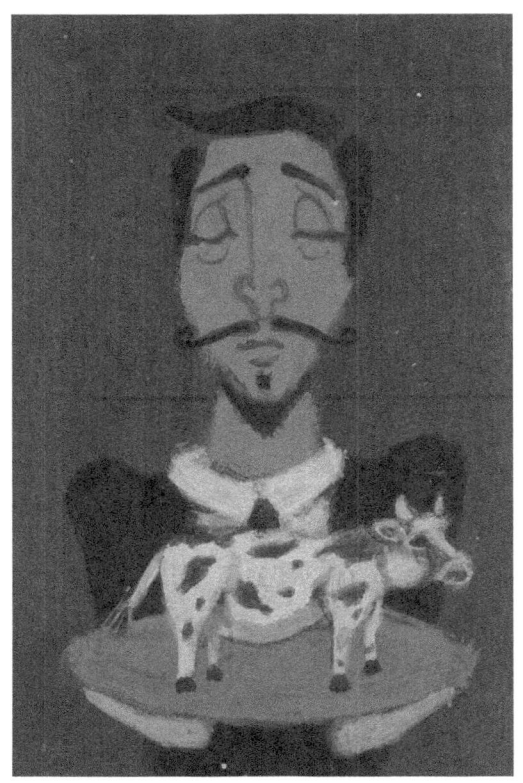

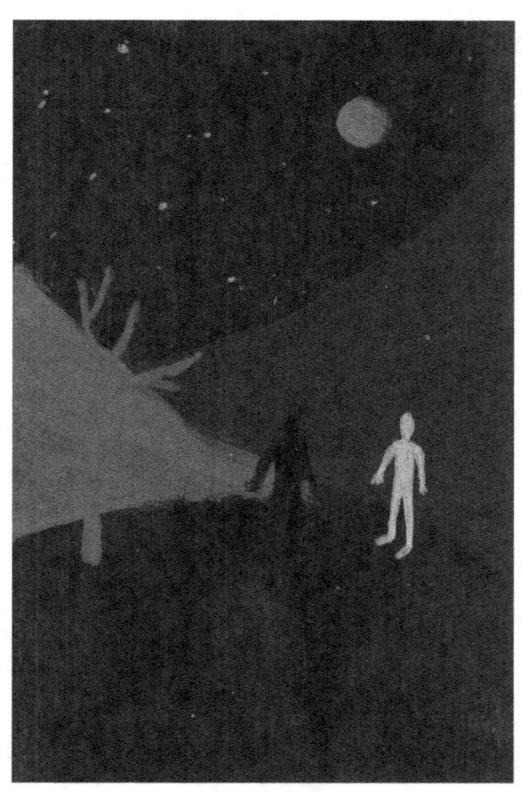

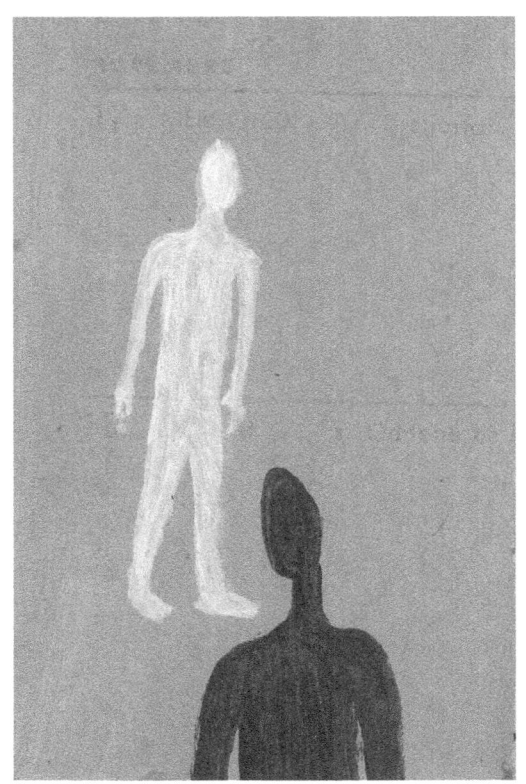

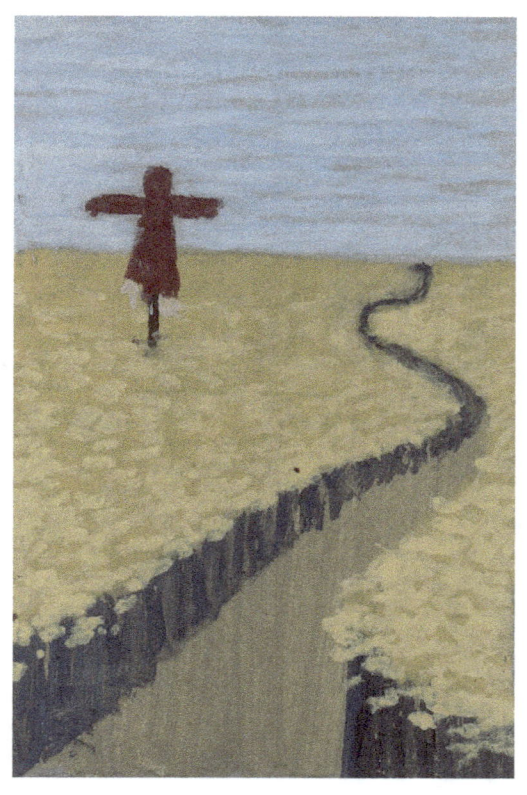

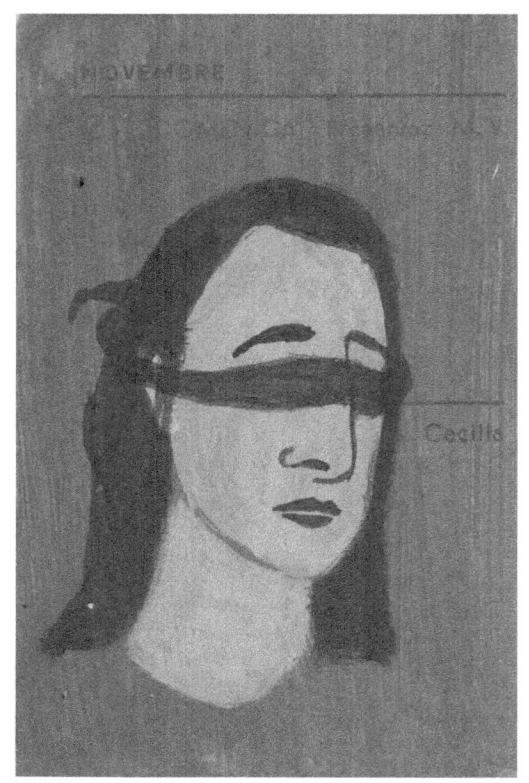

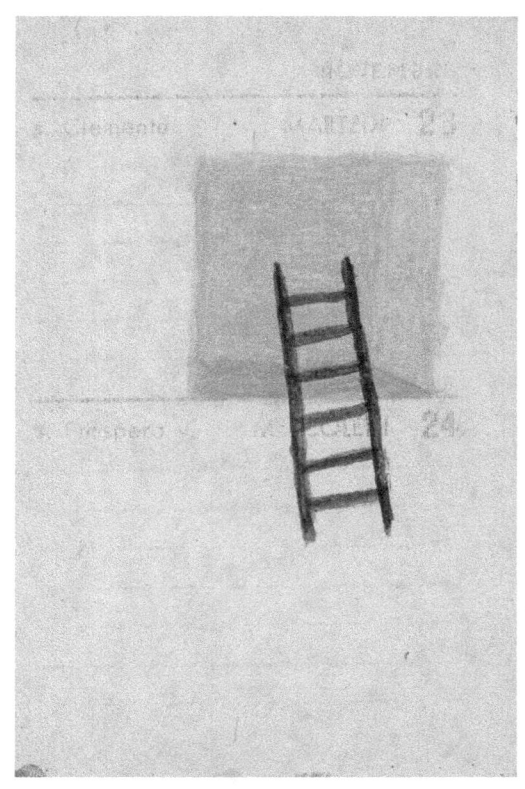

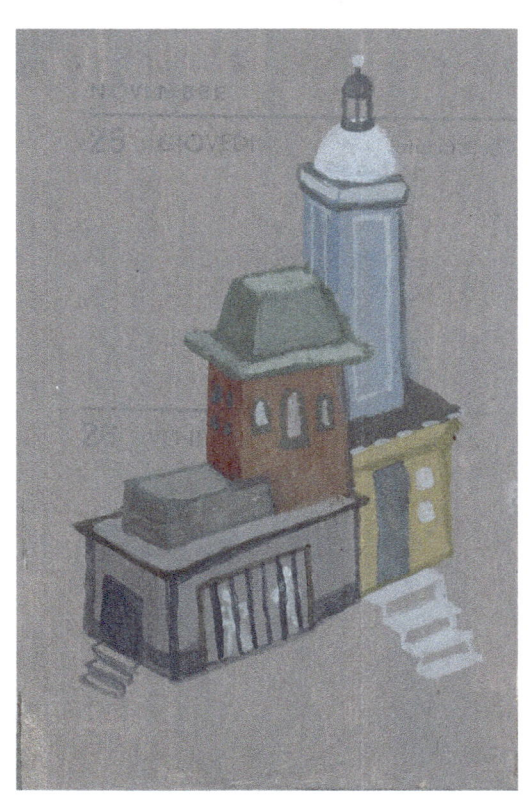

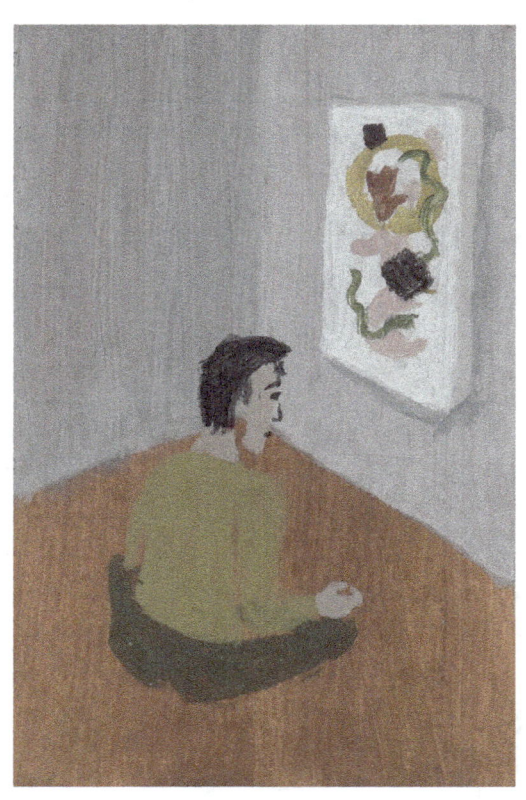